今日からあなたも日本通

从今天开始你也是日本通

從今天開始妳也是日本通

From today, you too,
  will be an expert on Japan.

오늘부터 당신도 일본을 잘아는사람

Desde hoy,
 ya eres un experto en Japón

言葉の目次
Language Contents
语言目录
語言目錄
언어의 차례
Índice de idiomas

■日本語　　　　　　　•••• 3
■English

□中文（简体）　　　　•••• 73
□中文

■한국어　　　　　　　••••143
■Español

日本語と英語はここから！！

Japanese and English begin here

《発刊にあたって》

近年、日本の行政や民間が躍起になっている一つに、外国人旅行者の誘致があります。しかし、いくら歴史や文化に魅力のある日本であっても、習慣や方法が分からない外国人には困ることも多々あるでしょう。そこで、日本滞在中に楽しい有意義な時を過ごして頂くための一案内教本として、この「今日からあなたも日本通」を制作することとなりました。このマンガの教本を読むことで、日本及び日本人と仲良く接する方法を学んだあなたは、親日家として賞賛されることでしょう。

(宮城大学事業構想学部教授：三橋勇)

《On the Occasion of the Publication》

In recent years, the Japanese government and local municipalities have become earnest about attracting foreign tourists. Still, in spite of the appealing aspects of Japanese history and culture, non-Japanese often have trouble understanding Japanese customs and ways of behaving. It is for this reason that we have created this little book "From today, you too, will be an expert on Japan" We hope it helps non-Japanese have a fun and productive stay in Japan. Those who read this comic book and learn how to get along well with the Japanese and in Japan will certainly get full marks as a Japanophile.

(Isamu Mitsuhashi, Professor,
Miyagi University School of Project Design)

ストーリー　Story

ケンとハナはとても仲良し。
週末に家族みんなで、温泉旅行に行くことになったのですが…。

Ken and Hana are good friends.
They went on a weekend trip to a hot spring
with their families, but...

● 目 次　　　<content>

■温泉の入り方　　　How to enter a Japanese onsen bath

■日本食　そば　　　Japanese Food Soba

■日本食　回転すし　Japanese Food Conveyor Belt Sushi

■旅館マナー　　　　Manners at a Japanese Inn

■ゆかたの着方　　　How to put on a yukata

■参拝の仕方　　　　How to worship at a temple or shrine

■公共マナー　　　　Public Manners

ストーリー 1 Story

実は僕、温泉に入るの初めてなんだ。

It's my first time to visit an onsen.

温泉って入り方があるの!?

Rules?

本当？ じゃあ温泉の入り方は知ってる？

Really?
Do you know the rules?

そうよ。温泉は色々な種類があって、入り方も色々。温泉に入るまでや入った後も注意するルールがあるの。

That's right.
There are all kinds of onsens and all kinds of rules for bathing.

ストーリー 2 Story

僕に温泉の入り方教えてー！

Tell me more!

もちろん！ いいわよ。
Sure.

そうだったんだ！
知らなかったよー！

I didn't know that.

それじゃあ一緒に温泉の入り方を勉強しましょ！
温泉はルールをきちんと守ってリラックスすることが大切よ。

There are some basic dos and don'ts to follow to get the most out of your experience.

うん！
OK.

注意すること 3 Rules and etiquette

まずは、安全に入浴するために、注意してほしいことがあるの。

If you ignore the rules, it could be dangerous for your health.

下を見てね。これは入浴前にしてはいけないことよ。

Follow these rules before taking a bath.

飲酒後	食後	刺青がある人	運動直後
No drinking before or in the bath	After eating	Tattoos	After exercising
→最低2時間は休憩	→最低30〜60分休憩	→通常許容されていません。	→最低30分休憩
Wait at least 2 hours	Wait between 30-60 minutes	Usually not allowed	Wait at least 30 minutes

禁忌症 4 Contraindications (Health Conditions)

例えば、熱があったり、
　　　心臓病や呼吸不全の恐れがあることよ。

For example, if you have a fever,
　　　　　a heart condition, or trouble breathing.

禁忌症に当てはまらないか、
　　次のページで確認してね。

Confirm whether
any contraindications
(Health conditions)
apply to you by looking
at the next page.

温泉での禁忌症 5

※効能は個人により異なります。

●一般的禁忌症
急性疾患、活動性結核、悪性腫瘍、重い心臓病、貧血症、
白血病、妊娠初期と末期、呼吸困難、賢不全、出血性の疾患など。

●泉質別禁忌症
※右は、気をつけるべき泉質。
◎一般的禁忌症・・・①②③④⑤⑥⑦⑩⑪
◎皮膚・粘膜の過敏な人・・・⑧⑨
◎高齢者・皮膚乾燥症・・・⑧⑨
◎下痢の人（飲用含む）・・・②③⑤⑧⑨

●11種類の温泉泉質
①単純温泉　　　　　⑦含銅鉄泉
②二酸化炭素泉　　　⑧硫黄泉
③炭酸水素塩　　　　⑨酸性泉
④塩化物泉　　　　　⑩含アルミニウム泉
⑤硫酸塩泉　　　　　⑪放射能泉
⑥含鉄泉

6 Contraindications in Onsen

The water's effectiveness will vary from person to person.

- General Contraindications

Acute illness	Early and last stages of pregnancy
Active tuberculosis	Respiratory difficulties
Malignancies	Kidney dysfunction
Serious heart condition, Anemia	Hemorrhagic conditions
Leukemia	

- Contraindications based on Spring Quality

◎Relevant for general contraindications···①②③④⑤⑥⑦⑩⑪
◎People with sensitive skin or mucous membranes···⑧⑨
◎Elderly people, a person with xeroderma···⑧⑨
◎A person with diarrhea···②③⑤⑧⑨

- 11 Kinds of Hot Springs

①Simple Springs
②Carbonate Springs
③Hydrogen Carbonate Springs
④Salt Springs
⑤Sulfuric Acid Springs
⑥Iron Springs
⑦Copper Springs
⑧Sulfur Springs
⑨Acidic Springs
⑩Alum Springs
⑪Radium Springs

持ち物 7 Things to bring

Well,
none of these apply to me
so I'm good to go.

大丈夫みたい。

じゃあ次に温泉に着いてからを案内するね。

Great,
I'll explain more once we arrive.

まずは持ち物を
　　　チェックしましょう。

Can I check to see
if you've brought
all the right things with you?

● タオル
　　○Towel

● シャンプーやリンス
　　○Cleansing foam

● 洗顔料
　　○Soap

● 財布
　　○Purse

特に、
タオルは備え付けていないところが多いわ。
なるべく持参したほうが良いかも。

Especially make sure to bring
a small towel to use in the bath area
because some places don't provide one.

料金と浴場について 8 About the cost and the bathhouse

お金を支払う場合、前払いがほとんど。
カードが使えないところもあるから、現金を持ってきたほうが良いわ。
支払い方法や料金は場所によって違うから、確認してね。

If you need to pay, most places require you to pay first.
You'd better bring cash in case
   they don't accept credit cards.
   Check ahead since places
      vary on how you must pay.

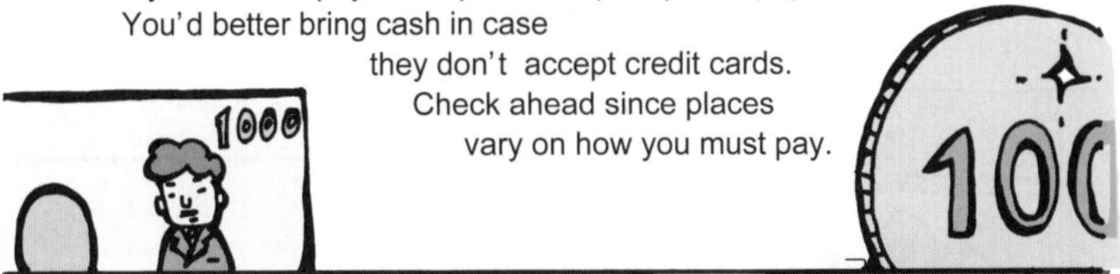

支払いが終わったら
浴場へ行きましょう。
After you pay,
you can go into
   the bath.

男女で浴場が分かれているから間違えないようにね！

Men and women have separate baths.
Don't go into the wrong one !

ただし、小さなお子様はどちらでも大丈夫ですよ。

Little children are allowed in either bath.

13

脱衣所ですること　9　What to do in the changing room

靴は脱いで入りましょう。
ちゃんとそろえてね。

First, take off your shoes and line them up neatly.

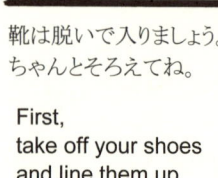

入ったら、
あいているロッカー
またはカゴを探してね。

Once in the changing area, look for a vacant locker or basket.

日本の温泉は
何も着用しないで
入浴するの。

In Japan, people take baths at onsens without any clothes.

身に着けているものや、
服はロッカーかカゴに入れてね。

Put your clothes and anything else you are wearing in the locker or basket.

ここまできたら準備は終わり！
次はいよいよ入り方だよ！

You are all set. Next, I'll explain the procedures for taking a bath.

入浴の順序 10 How to take a bath

コレは入浴の基本的な順番よ。

① かけゆ
② 半身浴
③ 入浴
④ あがる

This is the basic way of doing things.

① receive hydration
② kakeyu
③ hanshinyoku
④ bathe

入浴するととても汗をかくの。

You will sweat a lot in the bath.

でもかけ湯って何ー！？

What is kakeyu?

入浴前はしっかり水分補給してね。

Make sure you drink a lot of liquids before getting in.

大丈夫。一つずつ教えるね。
でもその前に
温泉マナーチェックをしましょう。

Hang on. I'll explain in a moment. Let's remember the proper onsen etiquette.

次はかけ湯かあ。

Next is kakeyu.

温泉マナー 11 Onsen etiquette

やってはいけない温泉マナー
Inappropriate onsen etiquette.

タオルにお湯を入れる。
Put the little towel in the bath water.

飛び込む、泳ぐ、走る。
Jump in　Swim　Run

たったまま体を洗う。
Wash standing up

お湯の中で石鹸を使う。
Use soap in the bath.

チェックしたら次こそ入り方よ。
Now that you've learned the etiquette, it's time to get in.

かけ湯 12 Kakeyu

『かけ湯』は体にお湯をかけて、汗や汚れを落とすことよ。

Kakeyu means to rinse yourself off before getting into the bathwater.

お湯は胸から遠いところから順にかけます。

Rinse your hands and feet first and then your upper body.

特に下半身の汚れはよく落としましょう。

Then wash your lower body very carefully.

お化粧はこの時点で落としましょう。

Women should wash off any makeup at this point.

入浴でリラックス 14 Relaxing in the bath

大分体が温まってきたよ。
I really warmed up.

体がなれてきたら全身で浸かりましょう。

Finally, when you are ready, slowly sink your whole body into the water.

はー、気持ちいいなあ。
It feels great.

お湯に浸かったらリラックスタイムよ。

Let's soak in the onsen and relax.

日ごろの疲れを取りましょう。

Let's refresh our tired bodies.

入浴でリラックス 15 Relaxing in the bath

ちなみに
私のオススメのリラックス法は
こんな感じよ。

In case you were wondering,
this is the way I recommend
to relax.

湯船の縁に頭を乗せられる所なら…

If you want to rest your head while
in the bath, a good place is here.

足先をマッサージしたりするわね。

You can massage your feet.

体を浮かせてブラブラしてみたり。

Move your hands
and feet around in the water.

自分のリラックス法を是非考えてみてね！

Why not think of your
own way of relaxing!?

入浴時間 16 How long to bathe

はー、温泉最高。

I love onsen.

そういえば、温泉って丁度いい入浴の長さってあるのかなぁ？

That reminds me, is there such thing as the best length of time for a bath?

もちろんあるわ！

Of course.

入浴時間は、鼻の頭が汗ばむくらいが丁度いいのよ。

You should stay in the bath until the tip of your nose becomes sweaty.

入浴時間 17 How long to bathe

決して限界まで挑戦したり…。

Don't stay too long...

熱いお湯に我慢して入浴したりしないでね。

Just to see how long you can stand the heat!

Yikes! That's hot.

途中で髪や体を洗ったり、休憩を取りながら…

I wash my hair and body and then take a break...

ちなみに温泉は1日3回までよ。

Remember, you should only get in the onsen three times a day.

自分のペースで入浴してね。

Take a bath at your own pace.

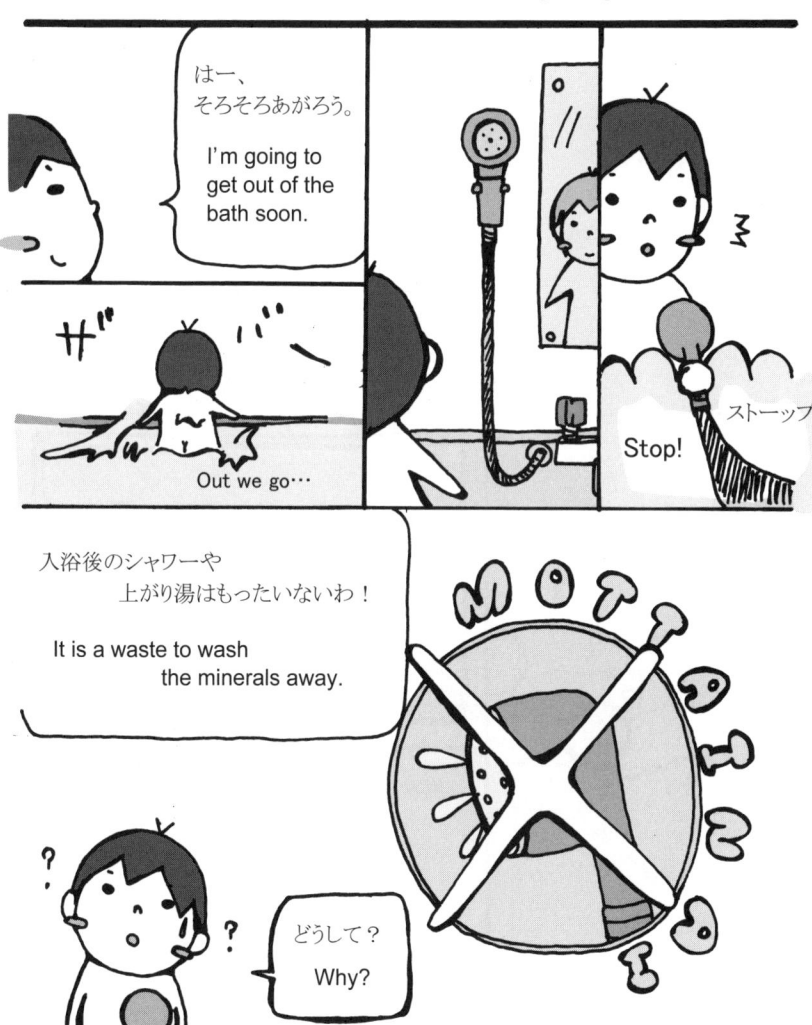

温泉からあがる時 19 After getting out of the water

温泉に入ると、たくさんの温泉成分を
体がもっているの。
でも上がり湯を
してしまうと…。

Onsen waters have
many mineral
ingredients.
Showering
will wash...

せっかくの成分を
洗い流してしまうの。

all the precious
ingredients away!

ただし、皮膚が弱い人・刺激の強い
温泉では洗い流してね。

Of course, if you have sensitive skin
or the onsen has a strong
mineral content,
please do shower.

上がる時はタオルで
水滴をぬぐう程度でいいのよ。

When you get out,
use the towel
to dry off a little.

脱衣所に行く前に
ちゃんと体を
ふきましょうね。

Don't go into
the changing area
dripping wet.

入浴後 20 AAA

入浴後はたくさん汗をかいて脈もあがっているの。

After taking a bath you might feel more tired than expected, and your pulse might be faster.

めまいを感じることも あるかも…。

You may even feel dizzy...

湯上り直後にここに 書いてあることを守ってね。

so after getting out of the bath, do the things listed here.

すること Do's	いけないこと Don'ts
十分な休憩 Make sure to rest	湯上り直後の運動 Exercise just afterwards
水分補給 Drink lots of liquids	湯上り直後の運転 Drive just afterwards

おまけ・独特の入浴法 22 Some additional features

サウナ ： フィンランド風の蒸気浴・熱気浴風呂のこと。熱と蒸気で小部屋の温度・湿度を高め、そこに入って汗を流します。

*ポイント **サウナ（5～8分）、冷却（水風呂1分・外気浴5分）、休息（10分）**
暖めた後に冷やし、体を休めることが大切です。

*エチケット サウナ内には自分の汗を残さないよう、タオルを持参しましょう。

打たせ湯 ： 高いところから落下する湯を患部にあてることにより、水圧と温熱で筋肉をほぐします。

*ポイント 打たせ湯が強すぎたり・打たせ湯を長時間しすぎると、コリがひどくなることがあるので、注意しましょう。

飲泉 ： 飲泉とは、温泉を飲むという行為、またはそのことによって病気の回復などの効能を得ようとすることです。

*ポイント 飲用の許可のあることを必ず確認し、飲泉の注意事項を守って飲用することが大切です。

Sauna : It is a Finland-like steam bath, or heated-air bath. The temperature and humidity of the small room are raised with heat and steam. It is a good place to sweat.

*point sauna (5-8minutes) cooling (cold bath 1 minute, fresh air bath 5 minutes) rest (10minutes)
It is important to cool your body down after a hot bath and to relax.

*etiquette Bring a towel with you into the sauna so as not to leave your sweat behind !

Utaseyu : A steady stream of water cascading onto a person's back. The pressure and heat relieves muscle tension.

*point Be careful though. If the utaseyu is too strong or you stand under it for a long time, your stiffness might get worse.

Insen : Insen refers to drinking the onsen water or to getting some health benefits from drinking the water.

*point Before drinking, check to make sure insen is allowed. There also may be special instructions for insen.

お座敷 **24** A Japanese-style tatami mat room

食べ方 26 How to eat

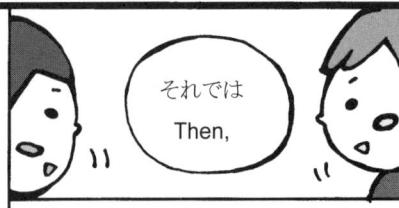

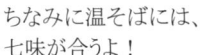

By the way, "Seven Spices" is suitable for hot Soba.

日本では麺類を音を
たてて食べても、
マナー違反に
ならないんだ。

It is not considered rude in Japan to eat noodles making noise.

そば湯 27 Sobayu

日本食　回転寿司 **30** Japanese Food Conveyor Belt Sushi

客席に寿司が
回ってくる
寿司屋だね！

It is a sushi shop where the sushi is passing in front of your seat on a conveyor belt.

すきな寿司を
安く食べられるん
だよね。

We can eat our favorite Sushi cheaply.

詳しいねジョン！
その通り！

You are well informed. That's right.

じゃぁ早速
食べに行こう。

Let's go eat, then!

楽しみに
してたから
調べて
きたんだ！

I did some research before because I was looking forward to eating Sushi.

おー！！
Yeah!

35

お茶 31 Tea

回転寿司では
お茶は
セルフサービス
なんだ。

Tea is self-service
at a conveyor-belt
Sushi.

お茶の粉末パックがあるから、
それを湯のみに入れて

The tea is in a pack and
all you have to do is pour
in some hot water.

席にある給湯口で
お湯をいれてね。

You can pour the hot water
right at your table.

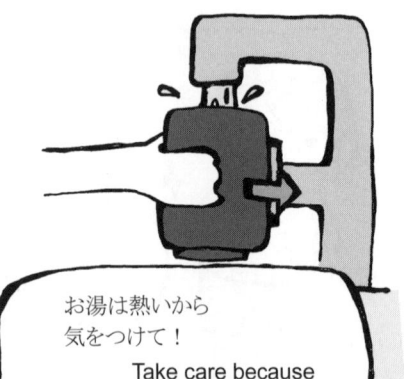

お湯は熱いから
気をつけて！

Take care because
the water is hot.

がり（生姜） 32 Ginger

これは何？
What is this?

それはガリ（生姜）だよ。
It is ginger

食べると寿司ネタの
お口なおしになって

When you eat some it refreshes your mouth and prepares you for the next piece of sushi.

次の寿司がおいしく食べられるんだよ！
You can then eat the next sushi with a fresh mouth.

回転寿司マナー 33 Manners at a Conveyor Belt Sushi

下のことは
回転寿司の
マナーだよ！

Below are the manners
to be followed
at a conveyor-belt Sushi.

食べる寿司は皿ごと取る

Take the entire plate off the belt.

一度とった皿は戻さない
口を付けていなくてもダメ

You must not return a plate
once you have taken it
even if you haven't eaten it yet.

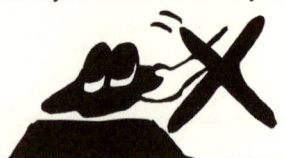

空になった皿も戻さない

Do not return an empty plate
to the belt.

空のお皿は卓上に重ねる

Pile up the empty plates.

注文 34 Ordering

もぐもぐ
chomp chomp

寿司おいしい！
It is delicious.

よかった。
I'm glad.

ところで僕サーモンが食べたいんだけど。
By the way, I want to eat some salmon.

なかなか流れてこないなぁ。
It doesn't come by so much.

そういう時は直接板前さんに注文するんだ。
You can order directly from the clerk when that happens.

注文 35 Ordering

すいません！
サーモン1つください！

Excuse me.
Can I have one order of salmon, please?

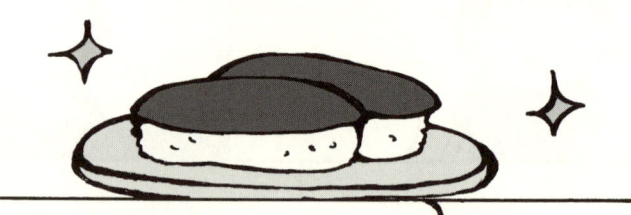

流れてくるまで待たなくていいんだ！

So I don't have to wait until it comes by!

基本は流れて
くるものを
食べるよ。

Basically, you eat what comes by.

注文 36 Ordering

今回は板前さんに直接注文したけど、
お店によってはインターホンで注文するところもあるよ！

This time, we ordered by asking the clerk directly,
but in other stores you can order using an interphone.

この時、わさびが苦手な人は「さび抜きで」ってつけると、
わさび無しのお寿司が食べられるよ！！

For example, if you want to eat sushi without any horseradish,
you can order by saying "sabinuki de.".

覚えておくよ！

I'll remember.

注文 37 Ordering

インターホンで注文したお寿司は、
レーンで流れてくることがほとんどだよ。

Almost all the Sushi ordered by the interphone will come by on the conveyor belt.

注文したお寿司は
目印で分かるようになっているんだ。

You will know it is the Sushi you ordered by some kind of sign.

他の人が頼んだ
お寿司をとらないようにね。

Don't take the Sushi that someone else ordered.

会計 38 Paying the bill

おいしかったー！
お腹いっぱいだよ！

It was delicious.
I'm full.

僕も！

Me too!

お会計はどうするの？

By the way, how do you pay?

会計 39 Paying the bill

店員さんを呼んで
お皿の枚数を
数えてもらうんだ。

We should call the clerk, and they will count the number of plates.

ネタによって
絵柄が違うよね！！

The plates have a different design depending on the kind of Sushi that was on it.

値段の違いを
絵柄で分けて
いるんだよ。

They use the plate design to show the different price levels.

うわ！
僕高いのばかり
食べているよ！！

Wow! I seem to have eaten a lot of expensive ones!

おわり 40 End

お寿司おいしかった！
満足したよ！

The Sushi was delicious.
I'm satisfied.

今回は回転寿司だったけど、
「寿司屋」にもどうぞ！

We went to a conveyor-belt style Sushi shop this time but next time we can go to a real Sushi shop.

日本に来たら、
ぜひお寿司を食べてみてね！

When you come to Japan, make sure you take time to eat some Sushi!

板前さんが目の前で
握ってくれるから
とてもおいしいんだよね。

When the chef prepares the Sushi right in front of you, it really tastes good.

旅館マナー 41 Manners at a Japanese Inn (Ryokan)

今日泊まる宿はここだよ。
This is the hotel where we are staying today.

旅館に泊まるのは初めてだよね？
Is this the first time you stay at a ryokan (an inn).

初めてだよ。
Yes, it's my first time.

いらっしゃいませ。
Welcome.

それにしても予定通りに到着できて良かったね。
Anyway, it's good that we were able to arrive on schedule.

あ、ホテルと違って靴を脱ぐところが多いから気をつけてね。
Oh, be careful because this is not like a hotel and you'll have to take off your shoes a lot.

OK

遅れるとき 42 If you arrive late

予定より遅れる時は宿に早めに連絡するべきなんだ。

If you are delayed, you should contact the hotel in advance.

チェックインの時間以降なら何時に到着しても良いんじゃないの？

Aren't we supposed to arrive at anytime during the check-in hours?

予定の時間は予約の時に伝えるよ。

You tell the inn what time you expect to arrive when you make your reservation.

遅くても夕食前には到着するのがマナーかな。

It is good manners to arrive before dinner time.

ホテルと違ってお客さんごとに食事を準備してくれているからね。

The inn prepares the meal specially for each guest, unlike at a hotel.

遅れるとき 43 If you arrive late

夕食の時間までに到着できないと、
生ものなど一部のメニューが提供されないこともあるんだ。

If we cannot arrive by dinner time, some of the food scheduled to be served may not be served, for example, raw fish.

そうなのか。
旅館での食事は楽しみの一つだもんな。

Really? Having a meal at an inn is one of the best parts of the stay.

・旅館のサービスの違い

一概に、伝統的・代表的と言われる日本旅館は和式の構造をもつ宿で、食事や温泉などのサービスが提供されます。しかし格安旅館などでは、それらのサービスが受けられないこともあります。

Service differences between inns

To generalize, Japanese inns that would be considered traditional and representative are built in a Japanese style, and a stay will include meals and use of the onsen. A less expensive inn, however, may not provide all these services.

旅館の浴衣 44 Clothes at a ryokan

良い部屋だね。
This is a good room.

そうだねー。
I agree.

ケン！これは着物ってやつ？
Ken. Is this a kimono?

ううん、それは浴衣だよ。
No, it's a yukata.

旅館街の室内着って感じかな。
The yukata is what you wear indoors while at the inn.

旅館の浴衣 45 Clothes at a ryokan

浴衣も着物と同じで"左前"で着るんだよ。

You wear the yukata the same way as a kimono by folding over on the left side.

左
Left

こうして左身頃を上にして着るんだ。

This is how you put it on folding over on the left side.

右
Right

左
Left

・マメ知識

"右前"は亡くなった人に着せるときの方法だよ。死者と生存者を区別する意味があるんだ。気をつけてね。

次のページで浴衣の着方を紹介するね。

I will tell you how to put on the yukata on the next page.

Cultural note

Folding the left side underneath the right is what is done when dressing a dead person. There is a meaning here that distinguishes the dead from the living so be careful.

浴衣の着方 46 How to put on a yukata

着る前にサイズの確認！

Confirm the size before putting it on!

きれいに浴衣を着るために、自分の体に合った浴衣を選ぼう！

You will not look good in a yukata that doesn't fit!

自分のくるぶしあたりにくる長さが調度良い浴衣の長さです。

A length that comes to one's ankle is best

大きさが合わなければ、フロントでサイズを交換してもらいましょう！

If it doesn't fit, you can change it for another at the front desk.

大抵は大・中・小の大きさを揃えています。

The usual sizes are large, medium, and small.

浴衣の着方 47 How to put on a yukata

1

まず、浴衣をはおり、
両手で前えり
の両端を持ちます。

Put on the yukata and grab both ends of the collar with both hands.

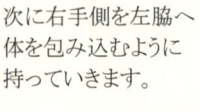

2

次に右手側を左脇へ
体を包み込むように
持っていきます。

Next, wrap it around your body from the left side with your right hand.

3

同じように、左手側を
右脇へ持っていきます。

Similarly, use your left hand to bring the right side over.

4

帯を結びます。
胸元がはだけないように
気をつけて。

Tie the belt. Make sure the front is not open at all.

浴衣の着方 48 How to put on a yukata

男性はへその下で
帯を巻くと格好が良いです。

Men look best with the belt tied under the navel.

5

女性は胸の下で結ぶと、
バランスが良く見えます。

A woman looks well-balanced when the belt is tied under the breast area.

6

帯の結び方は、
蝶々結びで大丈夫ですよ！

The best way to tie the belt safely is with a butterfly knot.

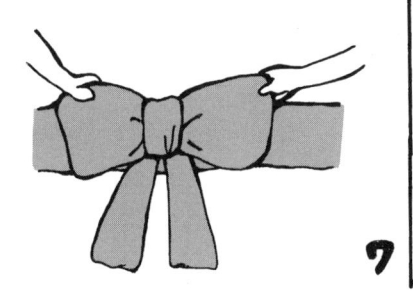

7

これで完成です。

Done!

8

帯の結び方 49 How to tie the belt

できた!
I did it.

あれ？ ケンの帯ちょっと違うね！
What? Ken, your belt, it seems different.

なんだかかっこいい！
Wow, it looks really cool!

男の人も蝶々結びで良いんだけど、こういう結び方もあるんだ。

Men can use the butterfly knot. However, they can also tie the belt like this.

ちょっと難しいけどやってみる？
It's a bit difficult but would you give it a try?

うん！やってみたい！
Sure, let me try.

帯の結び方 50 How to tie the belt

まず片方の帯の端を20cm〜30cmくらいとり、
それを縦半分に折ります。

First take 20〜30 cm from the tip of the belt.
Fold it in half.

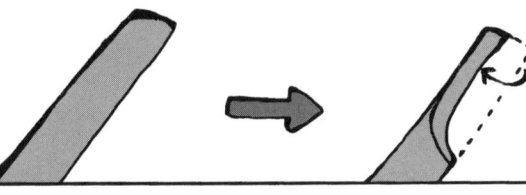

帯の折った側を残したまま、
反対側を腰に巻きます。(2、3回くらい)

Wrap the other side around the waist
about 2 or 3 times.

巻いた後は、細い方(縦半分の方)が下になるようにしてください。

After wrapping it around your waist, take the thin one (folded side) and make sure it is under the other side.

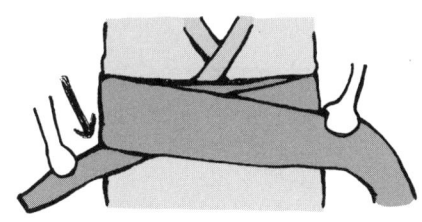

帯の結び方 51 How to tie the belt

余っている部分は20cmくらいのところで、内側に折りましょう。

Fold the remaining part inside. About 20 centimeters.

そして帯の細いほうの下をくぐらせた後、上方向に引き出します。

After it passes under the folded side of the belt, pull it upwards.

引き出した後、ぎゅっと引っ張ると、このようになっています。

Please pull it firmly after pulling it out.
Then, it becomes like this.

帯の結び方 52 How to tie the belt

次に、帯の細い方を矢印の方へ折り返し、その上から太いほうを垂らします。

Next, fold the thin side of the belt to the direction pointed by the arrow...
The wide side hangs down over that.

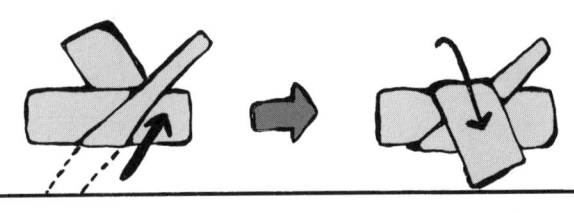

垂らしたところを細いほうの下から通し、斜め上に出します。これで結び目は完成！

Finally, pass the wide side under the thin side and pull it upwards diagonally.
The knot is completed.

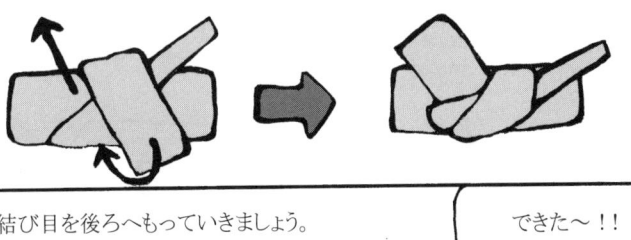

あとは結び目を後ろへもっていきましょう。
Finally, let's take the knot end to the back.

できた〜！！
It is done!!

57

おわり 53 End

どうかな？ 似合う？

How do I look?

うん！ とても似合ってるよ！

It really suits you!

浴衣はいいね！
着ると欲しくなるよ！

The yukata is very nice!
Now that I have one on,
I want to have one of
my own.

旅館の浴衣は貸し出し用だから…

The inn's yukata that
you are using is not for sale…

お土産で買うのも
いいかもね！

You could buy one
as a souvenir,
though.

おわり 54 End

食事の時間まで
まだ余裕あるし、
温泉でも入りにいく？

We still have some time before the meal starts. Shall we take a bath in the hot spring?

いいね！
That sounds good!.

温泉楽しみに
してたんだ！

I was looking forward to the hot spring.

じゃあ早速
入りに行こう！

Okay, so let's go now!

お話しても良いけど、
部屋の外では
うるさくしない
ようにね。

It is okay to talk, but just make sure that if you are outside the room you don't make much of noise.

温泉については
『温泉の入り方のページ』を
参考にしてね！

Refer to the page about hot springs for more information.

参拝の仕方 55 How to worship at a temple or shrine

でも、間違って神社の参拝の仕方をしちゃったんだよー。

But I worshipped at the temple as if I were at a shrine!

あのね、この間お父さんとお寺に参拝に行ったんだ。

I went to the temple with my father the other day.

神社とお寺の参拝の仕方は、ちょっと違うもんね。

The way you worship at a shrine is a little different than the way you do at a temple.

そうなんだよ！

That's right.

参拝の仕方 56 How to worship at a temple or shrine

でも、その後ちゃんと両方の参拝の仕方を覚えたんだ。

But we were able to learn both ways of behaving and worshiping.

今度はバッチリだよ！

Next time, I'll have it down just right.

じゃあ、早速近くの神社とお寺に行ってみようか！

Let's go to a nearby shrine and a temple, then.

次のページから参拝の仕方を紹介するよ！

From the next page we explain how to go worshipping.

| 神社 | お寺 |
| shrine | temple |

うん！行ってみよー！

Sure let's go.

まずは神社から！

We'll go to a Shinto shrine first.

61

神社の参拝 57 How to worship at a shrine

まずは、鳥居に入る前に、社殿に向かって一礼します。

First, when you go through the shrine gate, you should face toward the main shrine and lightly bow.

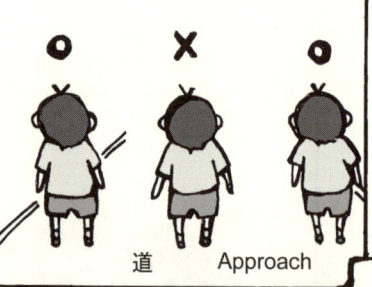

参道の中央は歩いてはいけません。
神様が通る道だからです。

Don't walk up the middle of the main approach. It is said that that is the God's path.

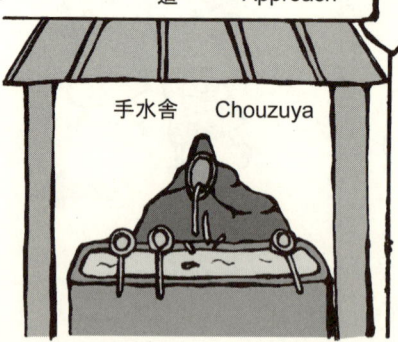

道　Approach

手水舎　Chouzuya

次に手水舎（ちょうずや）に行き、口をすすぎ、手を洗います。

Next go to the water ablution (Chouzuya) place to rinse your mouth out and wash your hands.

神社の参拝 58 How to worship at a shrine

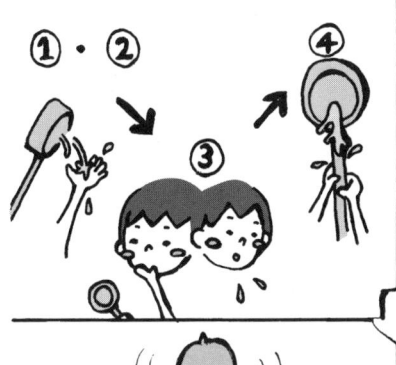

①左手②右手③口（左手で）の順ですすぎ、最後に図のようにひしゃくの柄をすすぎます。

First your left hand, then your right, and then your mouth. When you are finished, rinse the ladle as in the picture.

次に、賽銭箱の前に行き、御祭神に向かって、礼をする。鈴があれば鳴らし、賽銭を投じます。

Go to the offertory box and bow. If there is a bell, ring it and throw some money in the box.

2回 Twice　2回 Twice

次に、二礼、二拍手します。

Bow and clap twice.

神社の参拝 59 How to worship at a shrine

拍手の後、心の中で祈願事や奉告すべきことを唱えます。

After you clap, start praying silently.

唱え終ったら一礼します。

Then bow again.

賽銭箱の前から退出する前に、再度、します。

You bow once more before leaving from the area in front of the offertory box.

神社の参拝 60 How to worship at a shrine

鳥居から退出する時、
社殿に振り向いて一礼。
そして境外に出ます。

When you leave through the shrine gate, you should turn around toward the shrine and bow once. Then you can go outside.

次はお寺ね！

Now, let's go to a temple.

これが神社の
参拝の仕方だよ。

This is how to visit a Shinto shrine.

お寺の参拝 61 How to worship at a temple

山門に入ったら、
本堂に向かって拝礼
(45度くらい頭を下げる)します。

Let's bow toward the main temple after entering through the temple gate.
※Bow about 45 degrees.

お寺も参道の中央は
神様の通る道です。なるべく
左右に寄りましょう。

At a shrine, the gods are thought to come up the middle of the approach so you should keep to the right or left.

次に、手水舎があれば、
手を洗い、口を濯ぎます。
(やり方は神社参照)

Next, if there is a "chouzuya," you should wash your hands and rinse your mouth.

お寺の参拝 62 How to worship at a temple

本堂賽銭箱の前で拝礼。
鐘があれば鐘をつきます。

First offer prayers in front of the main temple offertory box.
If there is a bell, ring it.

賽銭を投じます。

Throw in some coins.

御本尊に向かい、
静かに合掌して祈りましょう。

Join your hands and pray quietly facing the principal image of the temple

お寺の参拝 63 How to worship at a temple

祈り終わったら、賽銭箱の前から退出する前に一礼します。

After praying, move away from the area in front of the offertory box.

最後に、山門から出るときには、本堂に向かって拝礼してから出ましょう。

Finally, bow toward the main temple again when leaving through the temple gate.

これがお寺の参拝の仕方ね。

This is how to visit a temple.

おわり 64 End

ちなみに、なぜ参拝の仕方が違うのかというと…

So, by the way, the reason the way of worshipping is different is…

祀られているものと目的が違うからなんだ。

The things that are enshrined and the reasons behind this are different.

神社は神様を祀る。

Gods are enshrined in shrines.

お寺は仏様が祀られていて、本来、僧侶の修行の場なんだ。

Buddha is enshrined at a temple. Originally, temples were places for Buddhist priests to study

参拝の仕草の一つ一つにも意味があるのね。

Each aspect of the worshipping has a particular meaning.

参拝って奥深いんだね！

This whole thing about worshipping is pretty deep stuff!

公共マナー 65 Public manners

文化によってマナーは異なるけど

Though manners are different according to each culture,

どの国でもマナーを守ることはとても大切よね。

it is very important to follow the manners of the country you are in.

並んでいる列への割り込み、道路にものを吐く人がいるけど…それはマナー違反だね。

For instance, littering in the street or cutting in in line – those would be bad manners.

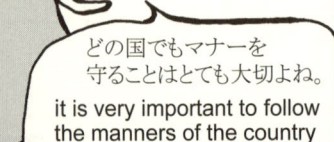

公共の場(乗り物等)では、周りの人に迷惑がかからないようにしてね！

We mustn't cause trouble for others in public places or on public transport.

控えること　Things that one should avoid

大声でのおしゃべり
Talking loudly.

携帯電話の通話
Talking on your cell phone.

お化粧
Putting on makeup.

優先席 66 Priority seats

それと、電車やバスには優先席があるわね！

The train and the bus have a priority seat.

この下のマークがある席だね！

It is a seat with these marks.

*地方によりマークは多少異なります。

*The mark is somewhat different according to each area of the country.

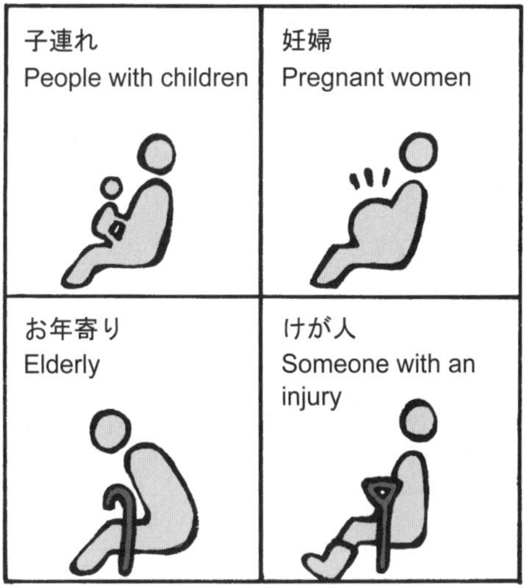

一般席でも、困っている人や老人、障害者に席を譲ることは大切よ。

Also it is important to leave your seat to people having trouble standing, an elderly person, or a handicapped person.

子連れ People with children	妊婦 Pregnant women
お年寄り Elderly	けが人 Someone with an injury

特に優先席では席を譲り合うようにしてね。

Always let people in need sit in the priority seats.

エスカレーター 67 Escalators

エスカレーターでは次のことに気をつけると良いわ。

Take care of the following when using an escalator.

左右のどちらか一方をあけて、急いでいる人が通れるようにする。

Stand either to the right or left to let people in a hurry pass.

急いでいても駆け上がったり、下がったりしないこと。危ないよ！

Do not run even if you are in a hurry. It is dangerous.

＊本来、安全設計上は片方によらず、動かないことが望ましいのです。しかし、日本では便宜上このような習慣があります。

*It is preferable, of course, from the safety point of view to not move at all. However, in Japan, there is a custom of walking for convenience'sake.

简体中文和繁体中文从这里开始！！

簡體中文和繁體中文從這裏開始！！

《值此本书发行之际》

　　近年来,日本官方和民间都非常积极的招揽着外国游客。日本拥有着悠久的历史和灿烂的文化,但是,不了解日本风俗习惯的一些外国人也会对很多事情感到为难。为了能让外国游客在日本游玩时,度过一段快乐并有意义的时光,我们制作了这本《从今天开始你也是日本通》的手册。通过阅读这本漫画,学习并掌握接触日本,以及与日本人民友好交流的方法,你一定会成为一位真正喜爱日本的人。

(宫城大学事业构想学教授:三桥　勇)

《值此本書發行之際》

　　近年來,日本官方和民間都非常積極的招攬著外國遊客。日本擁有著悠久的曆史和燦爛的文化,但是,不了解日本風俗習慣的壹些外國人也會對很多事情感到爲難。爲了能讓外國遊客在日本遊玩時,度過壹段快樂並有意義的時光,我們制作了這本》從今天開始妳也是日本通》的手冊。通過閱讀這本漫畫,學習並掌握接觸日本,以及與日本人民友好交流的方法,妳壹定會成爲壹位真正喜愛日本的人。

(宮城大學事業構想學教授:三橋　勇)

故事构成　　**故事構成**

小建和小花是好朋友。
在周末时全家想要去溫泉旅行，但是……
小建和小花是好朋友。
在週末時全家想要去溫泉旅行，但是……

《目錄》　　　　　　《目錄》

泡溫泉的方法　　　泡温泉的方法

日式食物 荞麥面　　日式食物 荞麦面

日式食物 旋轉壽司　日式食物 旋转寿司

旅館禮儀　　　　　旅馆礼仪

穿和服浴衣的方法　穿和服浴衣的方法

參拜的方法　　　　参拜的方法

公共禮儀　　　　　公共礼仪

故事构成 1 故事構成

其实我是第一次泡温泉。

其實我是第一次泡溫泉。

泡温泉也会有方法？？

泡溫泉也会有方法？？

真的吗？那么你知道泡温泉的方法吗？

真的嗎，那麼妳知道泡溫泉的方法嗎？

当然了，温泉有很多种，泡温泉的方法也有很多种。入浴前后也都有注意事项的。

當然了，溫泉有很多種，泡溫泉的方法也有很多種。入浴前後也都有注意事項。

故事构成 2 故事構成

我一点也不知道。
我一點也不知道。

请再告诉我一些吧！
請再告訴我一些吧！

当然可以啦。
當然可以啦。

那么一起学习泡温泉吧！
　　遵守泡温泉时的规则才能使身心放松。

那麼一起學習泡溫泉的方法吧！
　　遵守泡溫泉的規則才能使身心放松。

好的。

注意事项 3 注意事項

泡温泉前，
首先是注意事项，
弄错了，会很危险的。

泡溫泉前，
首先是注意事項，
弄錯的話，
會很危險的。

请看下面 遵守入浴时
回避的事情。

遵守入浴時 回避的事情。
請看下面。

饮酒后 或在浴池饮酒 飲酒後 或在浴池飲酒	饭后 飯後	有纹身的人 有紋身的人	运动后 運動後
→ 最少休息 2个小时 最少休息 2個小時	→ 最少休息 30—60分钟 最少休息 30-60分鐘	→ 一般不被接受 一般不被接受	→ 最少休息 30分钟 最少休息 30分鐘

禁忌症 4 禁忌症

哪个也不符合
　　　已经可以进去了吧。

哪個也不符合！
　　　已經可以進去了吧。

还有禁忌症患者
　　　也不能入浴。

還有禁忌症患者
　　　也不能入浴。

还不可以！

還不可以！

禁忌症？

譬如发烧的人，有心脏病的人，呼吸困难的人等等。

譬如發燒的人，有心臟病的人，呼吸困難的人等等。

是否属于禁忌症，
　　　请在下一页确认。

是否屬於禁忌症，
　　　請在下壹頁確認。

禁忌症 5

※适应症状因人而异

○普通的禁忌症

急性疾病（特别是发烧时），活动性结核，恶性肿瘤，重症的心脏病・贫血症，白血病，妊娠初期和末期，呼吸困难，肾功能衰竭，出血性的疾病等。

○不同泉质禁忌症

◎参照普通的禁忌症…………①②③④⑤⑥⑦⑩⑪

◎皮肤，粘膜过敏的人………⑧⑨

◎老年人，皮肤干燥症………⑧⑨

◎腹泻的人（包括饮用）……②③⑤⑧⑨

○11种的温泉泉质

①单纯温泉　　　　　⑦含铜含铁矿泉

②二氧化碳泉　　　　⑧硫磺泉

③碳酸氢盐泉　　　　⑨酸性温泉

④盐化物泉　　　　　⑩含铝泉

⑤硫酸盐泉　　　　　⑪放射能泉

⑥含铁矿泉

6 禁忌症

※适应症状因人而异

○普通的禁忌症

急性疾病（特別是發燒時），活動性結核，惡性腫瘤，重症的心臟病・貧血症，白血病，妊娠初期和末期，呼吸困難，腎功能衰竭，出血性的疾病等。

○不同泉質禁忌症

◎參照普通的禁忌症…………①②③④⑤⑥⑦⑩⑪

◎皮膚，粘膜過敏的人………⑧⑨

◎老年人，皮膚幹燥症………⑧⑨

◎腹瀉的人（包括飲用）……②③⑤⑧⑨

○11 種的溫泉泉質

①單純溫泉　　　　　⑦含銅含鐵礦泉
②二氧化碳泉　　　　⑧硫磺泉
③碳酸氫鹽泉　　　　⑨酸性溫泉
④鹽化物泉　　　　　⑩含鋁泉
⑤硫酸鹽泉　　　　　⑪放射能泉
⑥含鐵礦泉

攜帶物品 7 携带物品

哦,好像我都没问题。

哦,好像我都沒問題。

那么,之后的规则到了温泉再说明。

那麼,之後的規則到了溫泉再說明。

首先确认携带物品吧。

首先確認攜帶物品吧。

- 毛巾
  ○ 毛巾
- 浴液
  ○ 浴液
- 香皂
  ○ 香皂
- 钱包
  ○ 錢包

因为很多地方都没有准备毛巾,所以最好自带毛巾。

因為很多地方都沒有準備毛巾,所以最好自帶毛巾。

金额和浴池 8 金额和浴池

不同的地方，金额也不同，
请注意确认。
也有不能使用信用卡的地方，所以请带好现金
付款的时候，有很多地方是先付款的

付款的時候，有很多地方是先付款的，
也有不能刷信用卡的地方，
所以最好攜帶現金
不同的地方，金額也不同，
請註意確認。

付完款后，
　　进入浴室吧。

付過錢後，
　　進入浴室吧。

男女的房间是分开的，不要弄错！

男女的浴場是分開的，不要弄錯！

儿童的话两边都可以进去。

小孩子的話兩邊都可以進去。

在更衣室的准备 9 在更衣室的準備

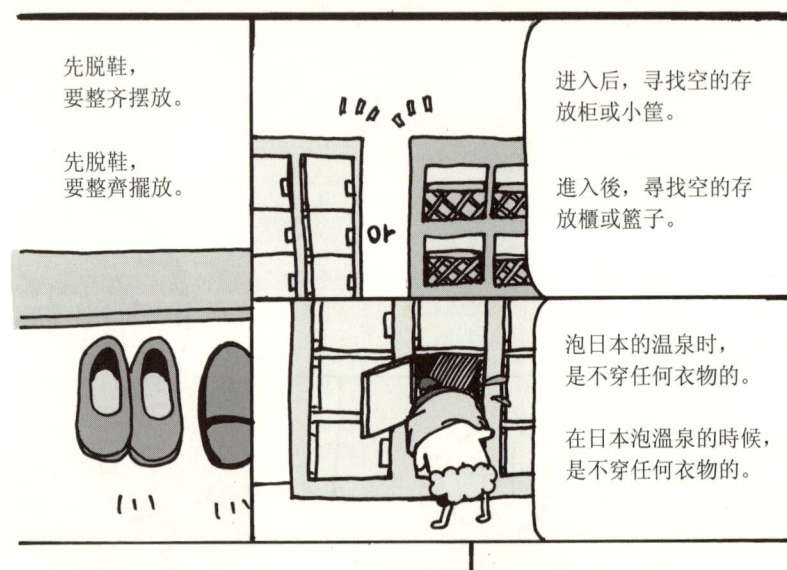

先脱鞋,
要整齐摆放。

先脱鞋,
要整齊擺放。

进入后,寻找空的存放柜或小筐。

進入後,尋找空的存放櫃或籃子。

泡日本的温泉时,
是不穿任何衣物的。

在日本泡溫泉的時候,
是不穿任何衣物的。

随身物品放入存放柜或小筐里。

隨身物品與衣物要放在存放櫃或籃子裡。

好了,到这里准备结束,
下面是泡温泉的方法。

好了,到這裡準備結束
下面是泡溫泉的方法。

84

泡温泉的顺序 10 泡溫泉的順序

按这个次序泡温泉。　　按這個次序泡溫泉。

① 冲洗　　　　　　　① 沖洗
② 半身浴　　　　　　② 半身浴
③ 入浴　　　　　　　③ 入浴
④ 出浴　　　　　　　④ 出浴

入浴时会出很多汗的。
入浴時會出很多汗的。

那么什么是冲洗呢!？
那麼什麼是沖洗呢!？

入浴前请补充水分。
入浴前請補充水分。

没关系，一个个的告诉你。
但是在那之前先确认一下泡温泉的礼仪吧。

沒關係，一個個地告訴妳。
但是在那之前先確認一下泡溫泉的禮儀吧。

下面是冲洗。
下面是沖洗。

温泉的礼仪 11 溫泉禮儀

不可违反的温泉礼仪
不可違反的溫泉禮儀

把毛巾放进温泉里
把毛巾放進溫泉裏

跑、游泳、跳入
跑。游泳，跳入，

站着洗身体
站著洗身體

泡温泉时使用香皂
泡溫泉時使用香皂

确认之后，下面是进入温泉的方法。
確認之後，下面是進入溫泉的方法。

冲洗 12 冲洗

冲洗

冲洗

「冲洗」是用温水冲洗身体，洗去汗和污垢。

「沖洗」是用溫水沖洗身體，洗去汗和汙垢。

冲洗时，离心脏较远处，循序冲水。

沖洗時，離心臟較遠處，依序沖水。

特别是下半身要好好冲洗。

特別是下半身要好好沖洗。

在这个时候卸妆。

在這個時候卸妝。

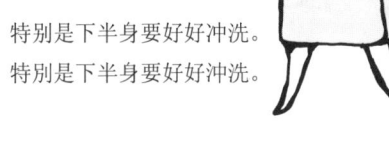

半身浴 13 半身浴

下面是这个
下面是這個

半身浴

我知道什么是半身浴啊。
我知道什麼是半身浴啊。

泡半身浴时，水到腹部就可以了。
泡半身浴時，水到腹部就可以了。

正确！
正確！

重复半身浴慢慢让身体习惯吧。
重複半身浴慢慢讓身體習慣吧。

慢慢进入温泉。
慢慢進入溫泉。

泡3分钟，
泡3分鐘。

上来呆5分钟。
上來呆5分鐘。

例如像这样　　例如像這樣

入浴时的放松方法　14　入浴時的放松方法

身体习惯了温度后，慢慢的浸泡全身。

身體習慣了溫度後，再慢慢地浸泡全身。

身体相当暖和了哟。

身體相當暖和了唷。

啊，好舒服啊

浸入温泉后、慢慢放松享受。

全身浸入溫泉後、慢慢放鬆享受。

消除平日的疲劳。

消除平日的疲勞。

入浴时的放松方法 15 入浴時的放松方法

我推荐的放松方法是这样的。

我推薦的放鬆方法是這樣的。

比如把头部
靠在澡池边上的地方……

比如把頭部靠在
澡池邊上的地方……

使身体浮起并晃动。

使身體浮起晃動。

按摩一下脚部。

按摩一下腳部。

不妨自己试着想一想
放松的方法哦！

不妨也可以自己試著
想一想放鬆的方法哦！

入浴时间 16 入浴時間

啊，我喜欢温泉！

啊，我喜歡溫泉！

那么泡温泉有没有合适的时间长度呢？

那麼泡溫泉有沒有合適的時間長度呢？

当然有了。

當然有了！！

入浴时间应以鼻头微微出汗程度为可。

入浴時間應以鼻頭微微出汗程度即可。

入浴时间 17 入浴時間

绝对不要挑战极限!

絕對不要挑戰極限!

热

不要在热温泉中忍耐!

不要在熱溫泉中忍耐!

中途配合着休息,洗一洗头发和身体…

中途可以配合著休息,洗一洗頭髮和身體…

顺便说一下,泡温泉一天最多只能3次哟。

順便說一下,泡溫泉一天最多只能3次喲。

要以自己的方式泡温泉哦。

要以自己的方式泡溫泉哦。

离池时 18 離池時

啊,该出浴了。
啊,該出浴了。

Out we go…

停!

入浴后淋浴是很浪费的。
入浴後淋浴是很浪費的。

为什么?
爲什麼?

离池时 19 離池時

泡温泉时，
温泉中的成分
会进入身体。
但是，如果
浴后冲洗的
话……

泡溫泉時，
溫泉中的很多
成分會進入身體。
但是，如果
浴後沖洗的話……

会把温泉成分冲洗掉的！

會把溫泉裡的成分
沖洗掉的。

但是，皮肤敏感的人或泡完
刺激性较强的温泉后，需要冲洗。

但是，皮膚敏感的人或泡完
刺激性較強的溫泉後，需要沖洗。

浴后用毛巾
把水分擦掉即可。

出浴後用毛巾把
身上的水擦掉即可。

出去之前要
把身体擦干
否则，
会把更衣室弄湿。

出去之前
把要身體擦乾。
否則，
會把更衣室弄濕。

离池时 20 離池時

泡完温泉后会出汗,脉搏也会很快。

泡完溫泉後會出很多汗,脈搏也會很快。

可能会感到头晕……

可能會感到頭暈…

所以要遵守下面的事项哦。

所以要遵守下面的事項哦。

可以做的事 可以做的事	不可以做的事 不可以做的事
充分休息 充分休息	刚泡完温泉后驾驶车辆 剛泡完溫泉後運動
补充水分 補充水分	刚泡完温泉后运动 泡完溫泉後駕駛車輛

95

完 **21** 完

到這裡，泡溫泉的方法就全部結束了。

不難，我也能記住。

看完「這個」（溫泉小冊子）您已經是溫泉通了吧—!!

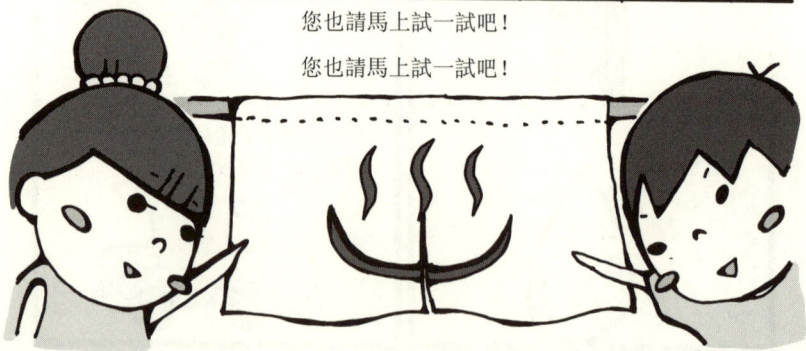

您也請馬上試一試吧！

独特的入浴方法 22 獨特的入浴方法

桑拿浴 ： 芬兰风格的蒸气浴•热气浴池，用热度和蒸气提高 房间的温度•湿度，进入房间后会出汗
  *重点 　**桑拿浴（5～8分）→冷却（冷水浴1分，户外的空气浴5分）→休息（10分）**。身体热了之后需要降温，让 身体休息一下很重要。
  *礼貌 　自己的汗水不要流在桑拿浴室内，要自备毛巾。

瀑布温泉： 温泉从高的地方流下，让其击打在患部，让肌肉在水压和温热中松弛。
  *重点 　瀑布温泉的击打强度太强，或时间太长的话,肌肉酸疼会变得更加剧烈，一定要注意。

饮泉 ： 是指饮用温泉水的行为，饮泉是为了得到让病情恢复的功效。
  *重点 　一定要确认是否有饮用的许可，遵守饮泉的注意事项也非常重要。

桑拿浴 ： 芬蘭風格的蒸氣浴•熱氣浴池，用熱度和蒸氣提高房間的溫度•濕度，進入房間後會出汗
  *重點 　**桑拿浴（5～8分）→冷卻（冷水浴1分，戶外的空氣浴5分）→休息（10分）**。身體熱了之後需要降溫，讓身體休息一下很重要。
  *禮貌 　自己的汗水不要流在桑拿浴室內，要自備毛巾。

瀑布溫泉： 溫泉從高的地方流下，讓其擊打在患部，讓肌肉在水壓和溫熱中松弛。
  *重點 　瀑布溫泉的擊打強度太強，或時間太長的話,肌肉酸疼會變得更加劇烈，一定要註意。

飲泉 ： 是指飲用溫泉水的行為，飲泉是為了得到讓病情恢復的功效。
  *重點 　壹定要確認是否有飲用的許可，遵守飲泉的註意事項也非常重要。

日式食物 荞麦面 23 日式食物 蕎麥面

在某一天。

在某壹天。

×月〇日 朋友约翰来到日本游玩。

×月〇日 朋友約翰來到日本遊玩。

咕噜噜
咕鲁鲁

肚子好饿啊。

肚子好餓啊。

那么，去吃荞麦面吧？

那麽，去吃蕎麥面吧？

"荞麦面"是日本传统的面食，有助于健康，被认为是长寿的食物！

"蕎麥面"是日本傳統的面食，有助于健康，被認爲是長壽的食物！

那么好啊！那就马上去吃吧！

那麽好啊！那就馬上去吃吧！

旋转寿司 24 席位

欢迎光临!
歡迎光臨!

请问您坐餐桌还是榻榻米?
請問您坐餐桌還是榻榻米?

那么,坐榻榻米吧。
那麼,坐榻榻米吧。

啊!还有不需要椅子的座位啊!
啊!還有不需要椅子的座位啊!

每家店是不同的。
每家店是不同的。

吃法 25 吃法

我们要两份笼屉荞麦面
我們要兩份籠屜蕎麥面

好的！
好的！

嗯～
嗯～

面要蘸着汤汁吃。
面要蘸著湯汁吃。

这个是？
這個是？

是"调味料"哟。
是"調味料"哟。

根据自己的喜好，
放进汤汁里或者
直接蘸在荞面上吃。

根據自己的喜好，
放進湯汁裏或者
直接蘸在蕎面上吃。

吃法 26 吃法

顺便说一下，吃热荞麦面时，放些七香辣椒很不错哦！

顺便說壹下，吃熱蕎麥面時，放些七香辣椒很不錯哦！

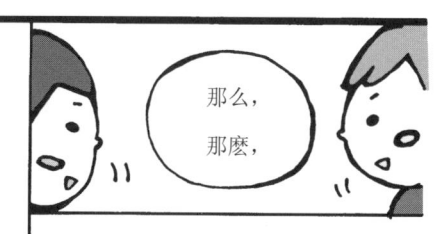

那么，
那麼，

我吃了！
我吃了！

滋噜噜，滋噜噜！！

……

在日本吃面时，就算是发出声音也没关系。

在日本吃面時，就算是發出聲音也沒關系。

原来如此啊！
原來如此啊！

荞麦面汤 27 蕎麥面湯

嗯，荞麦面真好吃！

嗯，蕎麥面真好吃！

对不起，打扰一下

對不起，打擾壹下

真的吗？太好了。

真的嗎？太好了。

这是"荞麦面汤"，

這是"蕎麥面湯"，

这是荞面汤。

這是蕎面湯。

汤？

湯？

煮过荞麦面的水。

煮過蕎麥面的水。

102

荞麦面汤 28 蕎麥麵湯

把汤汁倒进蘸料里……
把湯汁倒進蘸料裏……

吃完面,在最后喝的。
吃完麵,在最後喝的。

※也有一些店铺是没有荞面汤的。

※也有壹些店鋪是沒有蕎麵湯的。

直接喝就可以了。
直接喝就可以了。

噢～
噢～

不要勉强喝哦。
不要勉強喝哦。

吃得好饱啊!
吃得好飽啊!

是啊!
是啊!

下次再去吃一些别的日本料理吧!
下次再去吃壹些別的日本料理吧!

没问题!
沒問題!

我吃饱了,谢谢。
我吃飽了,謝謝。

103

旋转寿司 29 旋轉壽司

上次的荞麦面真好吃啊。

上次的蕎麥面真好吃啊。

这次想去吃寿司!

這次想去吃壽司!

今天我们吃什么?

今天我們吃什麼?

在外国,寿司也很有名吧!

在外國,壽司也很有名吧!

但是,
我一次也没有吃过呢。

但是,
我壹次也沒有吃過呢。

那么,我们去吃旋转寿司吧!

那麼,我們去吃旋轉壽司吧!

旋转寿司 30 旋轉壽司

是寿司在面前转来转去的寿司店吧！

是壽司在面前轉來轉去的壽司店吧！

可以很便宜的吃到自己喜欢的寿司对吧。

可以很便宜的吃到自己喜歡的壽司對吧。

没错，你还真了解呢！

沒錯，妳還真了解呢！

那么，我们马上就去吧。

那麼，我們馬上就去吧。

好的！！

好的！！

因为一直期待着，所以先了解了一下啊！

因爲壹直期待著，所以先了解了壹下啊！

茶水 31 茶水

在旋转寿司店，茶水服务是自助式的。

在旋轉壽司店，茶水服務是自助式的。

从桌子上的热水口倒入热水。

從桌子上的熱水口倒入熱水。

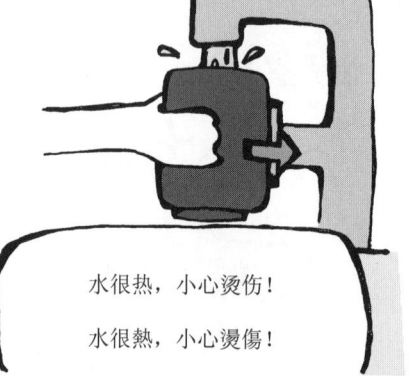

往杯子里倒入热水，再把茶叶包放进去。

往杯子裏倒入熱水，再把茶葉包放進去。

水很热，小心烫伤！

水很熱，小心燙傷！

生姜片 32 生姜片

这是什么？
這是什麼？

这个是生姜片啊。
這個是生姜片啊。

吃过后可以去掉嘴里的余味。
吃過後可以去掉嘴裏的余味。

可以更好的品尝下一道寿司啊！
可以更好的品嘗下壹道壽司啊！

旋转寿司的注意点　33　旋轉壽司的注意點

下面是吃回转寿司时的注意点！

下面是吃回轉壽司時的注意點！

"想吃的寿司要和碟子一起取"

"想吃的壽司要和碟子壹起取"

"碟子拿取后不可以返还，即使没吃也不行"

"碟子拿取後不可以返還，即使沒吃也不行"

"空碟子也不可以返还"

"空碟子也不可以返還"

"空碟子要叠摆在桌子上"

"空碟子要疊擺在桌子上"

点菜 34 點菜

"嗯嗯"（闭着嘴吃寿司的声音）
"嗯嗯"（閉著嘴吃壽司的聲音）

对了我想吃鲑鱼寿司，可是……
對了我想吃鮭魚壽司，可是……

寿司真好吃！
壽司真好吃！

太好了。
太好了。

就是旋转不过来啊。
就是旋轉不過來啊。

你可以直接向厨师点啊。
妳可以直接向廚師點啊。

點菜 35 點菜

麻煩您,请给我一个
鲑鱼寿司!

麻煩您,請給我壹個
鮭魚壽司!

待一会,就会转送过来的吧!

待壹會,就會轉送過來的吧!

一般情况下吃转送
过来的东西就可
以了。

壹般情況下吃轉送
過來的東西就可
以了。

點菜 36 點菜

这次直接向厨师点菜了，另外，还有用对讲机点菜的地方哟！

這次直接向廚師點菜了，另外，還有用對講機點菜的地方喲！

如果不喜欢吃芥末，这个时侯顺便说一声"请不要加芥末"的话，就能吃上没有芥末的寿司了！！

如果不喜歡吃芥末，這個時侯順便說壹聲"請不要加芥末"的話，就能吃上沒有芥末的壽司了！！

这个要记住！

這個要記住！

111

点菜 37 點菜

用对讲机点的寿司，一般都会从轨道上转过来的。

用對講機點的壽司，壹般都會從軌道上轉過來的。

点的寿司都会有标记的。

點的壽司都會有標記的。

所以不要拿错别人的寿司哦。

所以不要拿錯別人的壽司哦。

买单 38 買單

真好吃！吃得好饱啊！

真好吃！吃得好飽啊！

我也是！

我也是！

买单的时候怎么办啊？

買單的時候怎麼辦啊？

买单 39 買單

服务员会过来数
盘子的数量。

服務員會過來數
盤子的數量。

不同的寿司,
盘子的图案也会不同!!

不同的壽司,
盤子的圖案也會不同!!

是根据盘子的图案
来区分寿司的价格的。

是根據盤子的圖案
來區分壽司的價格的。

哇!
我吃了好多贵的啊!!

哇!
我吃了好多貴的啊!!

完 40 完

寿司太好吃了！

壽司太好吃了！

这次我们吃的是旋转寿司，下次去寿司店试一试吧！

這次我們吃的是旋轉壽司，下次去壽司店試壹試吧！

来到日本，一定要尝一尝寿司啊！

來到日本，壹定要嘗壹嘗壽司啊！

厨师会在面前制作寿司，非常好吃的。

廚師會在面前制作壽司，非常好吃的。

旅馆礼仪 41 旅館禮儀

今天我们在这里过夜。
今天我們在這裏過夜。

这是第一次住旅馆吧?
這是第壹次住旅館吧?

对,是第一次啊。
對,是第壹次啊。

欢迎观临。
歡迎觀臨。

太好了,按预定时间到达了。
太好了,按預定時間到達了。

这里和宾馆不一样,记住需要脱鞋。
這裏和賓館不壹樣,記住需要脫鞋。

OK

迟到时 42 遲到時

如果迟到了，过了预定时间，
就必须要提前和旅馆联系的。

如果遲到了，過了預定時間，
就必須要提前和旅館聯系的。

不是只要过了登记的时间，
几点入住都可以吗？

不是只要過了登記的時間，
幾點入住都可以嗎？

在预约的时候确定预定入住时间哟。

在預約的時候確定預定入住時間哟。

即使迟到了，也要在晚饭前到达，
这是礼貌吧！

即使遲到了，也要在晚飯前到達，
這是禮貌吧！

因为与宾馆不同，
要为每位客人准备各自的饭菜。

因爲與賓館不同，
要爲每位客人准備各自的飯菜。

迟到时 43 遲到時

晚饭时间之前不能到达的话,就不能上一些生鲜的料理了。

晚飯時間之前不能到達的話,就不能上壹些生鮮的料理了。

是那样得啊。
在旅馆吃饭也
是乐趣之一的啊。

是那樣得啊。
在旅館吃飯也是樂趣之壹的啊。

· 不同的旅馆服务也会不同
大多数的旅馆是具有传统的,
代表性的日式结构的建筑,
提供饮食和温泉等的服务。
但是一些价格低廉的旅馆,
是不提供这些服务的。

· 不同的旅館服務也會不同
大多數的旅館是具有傳統的,
代表性的日式結構的建築,
提供飲食和溫泉等的服務。
但是壹些價格低廉的旅館,
是不提供這些服務的。

旅馆的和服浴衣　44　旅館的和服浴衣

房间真漂亮。
房間真漂亮。

是啊！
是啊！

不是啊，那是和服浴衣。
不是啊，那是和服浴衣。

小建！
这个就是和服吧？
小建！
這個就是和服吧？

类似于在旅馆里穿的室内服装。
類似於在旅館裏穿的室內服裝。

穿和服浴衣的方法 45 穿和服浴衣的方法

穿和服浴衣的时候与和服一样"大襟向左扣"哟。

穿和服浴衣的時候與和服壹樣"大襟向左扣"喲。

大襟向左扣
大襟向左扣

像这样，左侧的衣襟要穿在上面。

像這樣，左側的衣襟要穿在上面。

右　　左

小知识
"大襟向右扣"是给去世的人穿衣服的方法。有区别死者和生者的意思。需要注意哦。

小知識
"大襟向右扣"是給去世的人穿衣服的方法。有區別死者和生者的意思。需要注意哦。

下一页介绍浴衣的穿法。

下壹頁介紹浴衣的穿法。

穿和服浴衣的方法 46 穿和服浴衣的方法

穿之前要确认尺寸!

穿之前要確認尺寸!

为了能漂亮地穿
和服浴衣,
一定要挑选与自己身材
合适的和服浴衣!

為了能漂亮地穿
和服浴衣,
壹定要挑選與自己身材
合適的和服浴衣!

和服浴衣最合适的长度是到
自己脚踝骨的部位左右。

和服浴衣最合適的長度是到
自己腳踝骨的部位左右。

如果大小不适合,
请在服务台挑选合适自己的!

如果大小不適合,
請在服務臺挑選合適自己的!

一般都配备有大、中、小的三种尺寸。

壹般都配備有大、中、小的三種尺寸。

穿和服浴衣的方法 47 穿和服浴衣的方法

首先，披上浴衣，
用双手拿住领子的两端。

首先，披上浴衣，
用雙手拿住領子的兩端。

1

然后把右手边的部分拿到左腋下
将身体包进去。

然後把右手邊的部分拿到左腋下
將身體包進去。

2

同样，左手边的部分穿到右腋下。

同樣，左手邊的部分穿到右腋下。

3

系带子，要注意不要让胸口部分敞开。

系帶子，要注意不要讓胸口部分敞開。

4

穿和服浴衣的方法 48 穿和服浴衣的方法

男性系在肚脐下方,会显得很帅气。

男性系在肚臍下方,會顯得很帥氣。

女性系在胸部下方,会显得很漂亮。

女性系在胸部下方,會顯得很漂亮。

系带子的方法,把带子系成蝴蝶结状就可以了!

系帶子的方法,把帶子系成蝴蝶結狀就可以了!

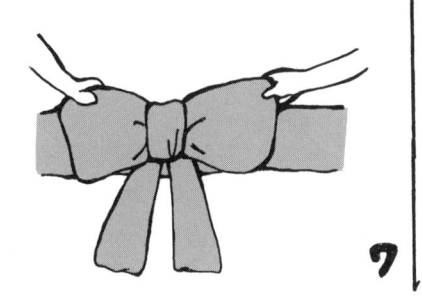

这样就穿好了。

這樣就穿好了。

123

系带子的方法 49 系帶子的方法

穿好了!

穿好了!

奇怪？小健的带子有点不一样啊!

奇怪？小健的帶子有點不壹樣啊!

感觉很酷!

感覺很酷!

男士系蝴蝶结也可以，不过，这样系也可以。

男士系蝴蝶結也可以，不過，這樣系也可以。

稍微有一点难，不过试一下吧？

稍微有壹點難，不過試壹下吧？

嗯！想试着系一下！

嗯！想試著系壹下！

系带子的方法 50 系帶子的方法

首先拿住带子的一边，大约 20cm ～ 30cm 左右，竖着对半折一下。

首先拿住帶子的壹邊，大約 20cm ～ 30cm 左右，豎著對半折壹下。

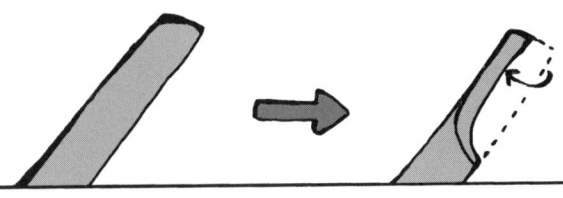

把折好的带子留出来，
再把剩余的带子系在腰上。（2、3 次左右）

把折好的帶子留出來，
再把剩余的帶子系在腰上。（2、3 次左右）

系好后，把刚才竖着折好的比较细的部分留在下方。

系好後，把剛才豎著折好的比較細的部分留在下方。

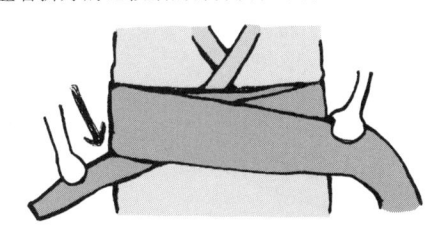

125

系带子的方法 51 系帶子的方法

在剩余的带子的 20cm 左右的地方,向内侧折。

在剩餘的帶子的 20cm 左右的地方,向內側折。

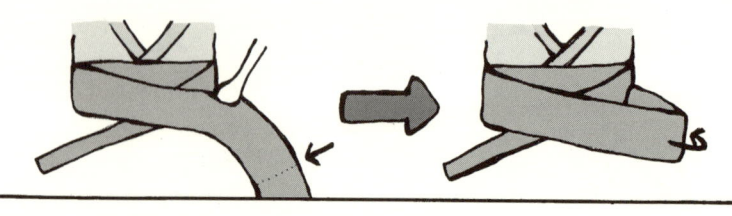

并且使之穿过比较细的带子的下方之后,向上拉出。

並且使之穿過比較細的帶子的下方之後,向上拉出。

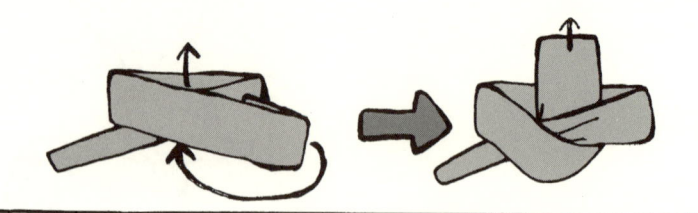

拉出之后,再紧紧地拉一下的话,
就变成这样了。

拉出之後,再緊緊地拉壹下的話,
就變成這樣了。

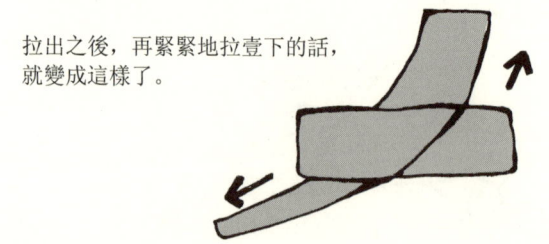

系带子的方法　52　系帶子的方法

然后，把比较细的带子向箭头方向回折，再把粗的带子从上面垂下来。

然後，把比較細的帶子向箭頭方向回折，再把粗的帶子從上面垂下來。

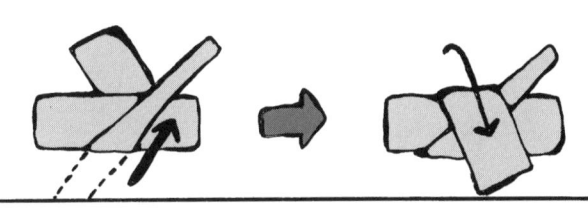

把垂下来的带子从细的带子下面穿过，再向斜上方穿出来。这样就完成了！

把垂下來的帶子從細的帶子下面穿過，再向斜上方穿出來。這樣就完成了！

最后把扣拿到后面吧。

最後把扣拿到後面吧。

系好了！！

系好了！！

系带子的方法 53 系带子的方法

怎么样？合适吗？

怎麼樣？合適嗎？

恩！非常帅气！！

恩！非常帥氣！！

和服浴衣真酷，一穿上就不想脱了！

和服浴衣真酷，壹穿上就不想脱了！

旅馆的和服浴衣只是出租用的…

旅館的和服浴衣只是出租用的…

买一件当作礼物也很不错啊！

買壹件當作禮物也很不錯啊！

完 **54** 完

离吃饭的时间还有一会,
去泡温泉吧。

離吃飯的時間還有壹會,
去泡溫泉吧。

好啊!

好啊!

期盼泡温泉好久了!

期盼泡溫泉好久了!

那么,马上去泡温泉吧!

那麼,馬上去泡溫泉吧!

可以谈话,
但是在房间的外面
不要大声吵闹哦。

可以談話,
但是在房間的外面
不要大聲吵鬧哦。

关于温泉,请参考《泡温泉的方法》!

關于溫泉,請參考《泡溫泉的方法》!

参拜的方法 55 参拜的方法

我最近和爸爸到寺院参拜去了。

但是,搞错了,用了参拜神社的方法。

神社和寺院的参拜办法,是稍微有些不同的啊。

就是啊!

参拜的方法 56 參拜的方法

但是、在那之后就认真的学习了参拜方法。

但是，在那之後就認真的學習了參拜方法。

这次没问题了！

這次沒問題了！

那么，我们马上就到附近的神社和寺院去试试看看吧！

那麼，我們馬上就到附近的神社和寺院去試試看看吧！

下一页介绍参拜的方法！

下壹頁介紹參拜的方法！

神社

寺院

好的，去试试看吧！

好的，去試試看吧！

首先从神社开始！

首先從神社開始！

神社的参拜 57 神社的参拜

首先，进入牌坊之前，向着神殿略施一礼。

首先，進入牌坊之前，向著神殿略施壹禮。

不要走在参拜道路的中央。因为神通过的道路，叫做"正中"。

不要走在參拜道路的中央。因爲神通過的道路，叫做"正中"。

道

然后去手水舍，漱口，洗手。

然後去手水舍，漱口，洗手。

手水舍

神社的参拜 58 神社的参拜

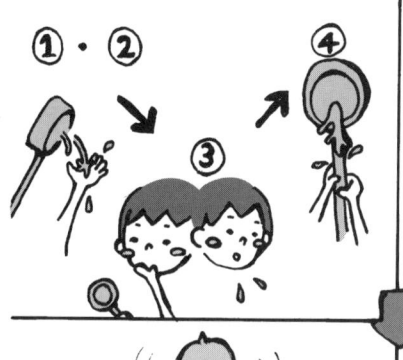

①左手②右手③口（用左手）的顺序漱口，最后像图里表示的那样，涮洗舀子的手柄。

①左手②右手③口（用左手）的順序漱口，最後像圖裏表示的那樣，涮洗舀子的手柄。

走到香资箱的前面，面向供奉的神，略施一礼。鸣响铃，投香资。

走到香資箱的前面，面向供奉的神，略施壹禮。鳴響鈴，投香資。

之后，鞠躬两次，拍手两次。

之後，鞠躬兩次，拍手兩次。

神社的参拜 59 神社的参拜

拍两次手后,在心中简单地祈愿或祷告。

拍兩次手後,在心中簡單地祈願或禱告。

祈愿后深深的鞠躬(90度左右)。

祈願後深深的鞠躬(90度左右)。

在离开香资箱之前,要再度略施一礼。

在離開香資箱之前,要再度略施壹禮。

神社的参拜 60 神社的参拜

在走出牌坊之前,需要向着神殿略施一礼。之后走出神社。

在走出牌坊之前,需要向著神殿略施壹禮。之後走出神社。

接下来是寺院!

接下來是寺院!

这就是参拜神社的方法哦。

這就是參拜神社的方法哦。

参拜寺院 61 參拜寺院

进入寺院的大门后,面向正殿鞠躬(45度左右)。

進入寺院的大門後,面向正殿鞠躬(45度左右)。

寺院参拜道路的中央也叫做"正中",走路是要尽量在左侧或右侧通行。

寺院參拜道路的中央也叫做"正中",走路是要盡量在左側或右側通行。

如果有手水舍的话,要洗手,漱口。(方法参照神社)

如果有手水舍的話,要洗手,漱口。(方法參照神社)

参拜寺院 62 參拜寺院

在正殿香资箱前鞠躬。
如果有钟的话敲下钟。

在正殿香資箱前鞠躬。
如果有鍾的話敲下鍾。

然后投香资。

然後投香資。

面向主佛，安静地合掌祈愿。

面向主佛，安靜地合掌祈願。

参拜寺院 63 參拜寺院

在离开香资箱之前,略施一礼。

在離開香資箱之前,略施壹禮。

从寺院的大门出来的时候,面向正殿鞠躬之后再退出来。

從寺院的大門出來的時候,面向正殿鞠躬之後再退出來。

这就是参拜寺院的方法啦。

這就是參拜寺院的方法啦。

参拜的方法,结束 64 参拜的方法,结束

顺便说一下为什么参拜的方法会不一样……

順便說壹下爲什麽參拜的方法會不壹樣……

是因为供奉的神灵不同。

是因爲供奉的神靈不同。

在神社供奉的是神。

在神社供奉的是神。

在寺院供奉的是佛,原本是僧侣们修行的地方。

在寺院供奉的是佛,原本是僧侣們修行的地方。

参拜方法的每一个步骤都有它的含义的。

參拜方法的每壹個步驟都有它的含義的。

参拜真是深奥啊!

參拜真是深奧啊!

公共礼仪 65 公共禮儀

不同的文化会有不同的礼仪。
不同的文化會有不同的禮儀。

不过,不管哪个国家也都非常注重遵守礼仪的。
不過,不管哪個國家也都非常注重遵守禮儀的。

随便插队,随地乱吐东西。这些都是违反礼仪行为。

随便插隊,随地亂吐東西。這些都是違反禮儀行爲。

在公共场合(交通工具等),请不要给周围的人添麻烦哦!
在公共場合(交通工具等),請不要給周圍的人添麻煩哦!

〈需要节制的事情〉
〈需要節制的事情〉

| 大声的说话 | 用手机打电话 | 化妆 |
| 大聲的說話 | 用手機打電話 | 化妝 |

公共礼仪（优先座位） 66 公共禮儀（優先座位）

还有，电车和巴士都会有优先座位的吧！

還有，電車和巴士都會有優先座位的吧！

有下面这个标记的座位就是啊！

有下面這個標記的座位就是啊！

＊不同地区，标记也会多少有些不同。

＊不同地区，标记也会多少有些不同。

就算是一般的座位，让给老人，残疾人和需要帮助的人，也是非常重要的。

就算是壹般的座位，讓給老人，殘疾人和需要幫助的人，也是非常重要的。

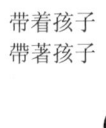

带着孩子 帶著孩子	孕妇 孕婦
老年人 老年人	伤病者 傷病者

特别是在优先座位，一定要互相谦让。

特別是在優先座位，壹定要互相謙讓。

公共礼仪（自动扶梯） 67 公共禮儀（自動扶梯）

在自动扶梯上要注意下面的事情。

在自動扶梯上要注意下面的事情。

空出左侧或者右侧，方便让有急事的人通过。

空出左側或者右側，方便讓有急事的人通過。

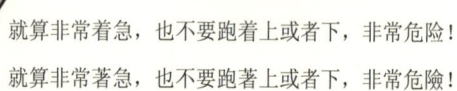

就算非常着急，也不要跑着上或者下，非常危险！

就算非常著急，也不要跑著上或者下，非常危險！

* 原本，在安全设计上，尽量不集中在一边，不乱动是最安全的。但是，在日本为了互相方便，便有了这样的习惯。
* 原本，在安全設計上，盡量不集中在壹邊，不亂動是最安全的。但是，在日本爲了互相方便，便有了這樣的習慣。

142

스페인어와 한글은 여기부터 !!

Español y coreano empiezan aquí

<<발간에 앞서>>

근년, 일본의 행정이나 민간이 힘쓰고 있는 하나에, 외국인 여행자의 유치가 있습니다. 그러나, 아무리 역사나 문화에 매력있는 일본이라도, 습관이나 방법을 모르는 외국인에게는 곤란한 일도 많이 있겠지요. 그래서, 일본 체류중에 즐거운 가치가 있는 시간을 보내기위한 안내 교본으로서, 이「오늘부터 당신도 일본을 잘아는사람」을 제작하게 되었습니다. 이 만화의 교본을 읽는 것으로, 일본 및 일본인과 사이 좋게 접하는 방법을 배운 당신은, 일본과 친한사람으로서 칭찬되겠지요.

(미야기 대학 사업 구상 학부 교수: 미츠하시 이사무)

<<Prefacio>>

En tiempos recientes, el atraer turistas extranjeros ha sido una de las prioridades del gobierno y la sociedad japonesas. Sin embargo, por más atractiva que sea la cultura y la historia japonesas, a los visitantes les resulta difícil adaptarse a las formas y costumbres del país. Es en este contexto que decidimos crear este manual "Desde hoy, ya eres un experto en Japón", con el objetivo de obtener un libro de referencia para ayudar a los visitantes a que su estancia sea dichosa y agradable. Usted, que después de leer este manual en historieta ha aprendido cómo socializar con Japón y los japoneses, será visto y apreciado como un amigo de Japón.

(Prof. Isamu Mitsuhashi,
Universidad de Miyagi, Facultad de
Negocios y Planeación de Proyectos)

구성　　Historia

켄과하나는 친한친구사이입니다.
주말에 가족과 함께 온천여행을 떠나기로 결정하였지만.

*Ken y Hana son muy amigos.
Decidieron hacer un viaje de fin de semana
junto con sus familias a un Onsen.*

● 목록　　　　　　　　　　<Índice>　　　　　　　●

온천에 들어가는 방법	Cómo meterse a las aguas termales
일본음식　메밀국수	Comida japonesa: Fideos Soba
일본음식　회전초밥	Comida japonesa: Sushi
여관의 매너	Modales del ryokan
유카타를 입는방법	Cómo ponerse el yukata.
참배의 방법	Cómo rendir culto en los templos.
공공장소의 매너	Modales en lugares públicos.

구성 1 Prólogo

사실은 온천에 들어가는것은 처음이야.

Debo confesar que es la primera vez que voy a un Onsen.

온천에 들어가는 방법이 있어?

¿Quieres decir que existe un procedimiento para eso?

그래요? 그러면 온천에 들어가는 방법을 알고 있어?

¿En serio? ¿Y sabes cómo meterte al Onsen?

그럼. 온천은 여러가지 종류가 있는데 들어가는 방법도 가지각색! 온천에 들어가기전과 들어간후도 주의해야할 규칙이 있어.

Sí, así es. Hay muchos tipos de Onsen y varias formas de meterte. Y no sólo es meterse, también hay que seguir ciertas reglas y precauciones después de usar un onsen.

구성 2 Prólogo

나에게 온천에 들어가는 방법을 가르쳐줄래!

¡Enséñame cómo puedo meterme a un Onsen!

몰랐어

¿En verdad? ¡No tenía idea!

물론! 좋아.

Claro que sí, ¡con mucho gusto!

그럼 함께 온천에 들어가는 방법을 배워봅시다! 온천은 규칙을 제대로 지켜 편안하게 하는 것이 중요합니다.

Entonces, empecemos por la manera normal de meterse al Onsen. Lo importante es relajarse siguiendo ciertas normas.

좋아

OK

주의사항 3 Precauciones

먼저 주의사항 잘못하면 위험한 일도 발생할수있어요.

Primero las precauciones. Es muy importante seguir las reglas para poder relajarse y disfrutar.

온천에 들어갈때 해서는 안되는 일.

¡Un descuido puede ser peligroso! Veamos abajo para conocer lo que no se debe hacer cuando te quieras meter al Onsen.

음주후 온천에서의 음주	식후	문신이 있는 사람	운동후
Estar en estado de ebriedad o ingerir alcohol dentro.	Después de comer.	Personas con tatuajes	Inmediatamente después de hacer ejercicio.
→ 적어도 2시간은 휴식	→ 적어도 30분에서 60분은 휴계	→ 보통의 경우 인정되지 않습니다	→ 적어도 30분은 휴식
Esperar por lo menos 2 horas.	Esperar de 30 minutos a 1 hora.	En general, no se les permite la entrada.	Esperar mínimo 30 minutos.

금지사항 4 Contraindicaciones

위의 상황에 어떤것도 해당되지 않은 사람은 들어갈도 될까?

¡No estoy en ningún caso! Creo que ya me puedo meter.

이것외에도 〈금지사항〉의 사람은 온천에 들어갈수 없어.

Además tienes que considerar algunas restricciones médicas.

아직안돼,

¡Todavía no!

금지사항?

¿Restricciones médicas?

예를 들면 열이 있는 사람, 심장병이 있는 사람, 호흡 부전이 있는 사람등등

Sí, las personas con ciertas condiciones o padecimientos no pueden entrar. (Por ejemplo, personas con calentura, con padecimentos del corazón, asma, etc.) ¡Puede ser muy peligroso para ellos!

Verifica muy bien que no tengas alguno de los padecimientos enlistados en la siguiente página.

금지사항에 속하는가, 아닌가는 다음 페지에서 확인하세요

온천에서의 금기증 5

효능은 개인에 따라 다릅니다.

●일반적 금지사항

급성질환 (특히 발열시)、활동성결핵、악성종증、
심한심장병·빈혈병、백혈병、임신초기도 말기、
호흡부전、신부전、출혈성의 질환등

●샘질별 금기증
◎일반적 금기증에 준한다…①②③④⑤⑥⑦⑩⑪
◎피부, 점막이 과민한 사람…⑧⑨
◎고령자, 피부건조증…⑧⑨
◎설사가 있는사람 (음용 포함)…②③⑤⑧⑨

●11 종류의 온천샘질
① 단순온천
② 이산화탄소샘
③ 탄산수소염천
④ 염화물샘
⑤ 유산염천
⑥ 함철선
⑦ 함동철선
⑧ 유황천
⑨ 산성천
⑩ 함알루미늄샘
⑪ 방사능샘

6 Contraindicaciones en Onsen

*Los efectos varían en cada persona.

- Contraindicaciones generales
  Enfermedades agudas
  Tuberculosis activa
  Tumores malignos
  Enfermedades cardiacas graves, anemia
  Leucemia
  Primeros y últimos meses de embarazo
  Insuficiencia respiratoria
  Insuficiencia renal
  Enfermedades hemorrágicas

- Contraindicaciones por tipo de manantial:
  Personas con alguno de los padecimientos
  marcados arriba···①②③④⑤⑥⑦⑩⑪

  Personas con piel o mucosas sensibles···⑧⑨

  Adultos mayores, personas con xeroderma ···⑧⑨

  Personas con diarrea···②③⑤⑧⑨

- 11 tipos de Onsen:
  ①Onsen simple
  ②Agua bicarbonatada
  ③Aguas de hidrógeno carbonato
  ④Sales de Cloruros
  ⑤Sales de sulfatos
  ⑥Aguas ferruginosas
  ⑦Aguas con cobre
  ⑧Manantial sulfuroso
  ⑨Manantial ácido
  ⑩Aguas con aluminio
  ⑪Manantial radioactivo

준비해야할 물품 7 Artículos que preparar

Parece que no hay problema.

괜찮은것 같아.

그럼 이번에는 온천에 들어가서 설명해줄게.
Entonces, ¡vamos a prepararnos para ir al Onsen!

우선은 소지품을 체크합시다.

Primero, verifiquemos
que llevamos todo lo necesario:

- ●수건
  ○ Toalla
- ●비누
  ○ Shampoo y jabón
- ●세안비누
  ○ Crema para desmaquillar
- ●지갑
  ○ Dinero

특히 타올은 준비되어있지 않은 곳이 많기 때문에 가져 갑시다.

Ten especial cuidado de no olvidar la toalla, pues hay lugares donde no las proporcionan.

금액과 욕실에 대해서 8 Tarifas y lugar

다음은 돈을 지불할경우
돈은 거의 미리 지불하는거야
지불방법은 장소에 따라 다르니까 확인해

En la mayoría de los lugares se cobra por adelantado.
Hay lugares donde no se admiten tarjetas,
por eso procura llevar efectivo.
El modo de pago es diferente
en cada lugar.

돈을 지불하면
욕탕으로 가는거야

Ya que pagues,
vamos a los cuartos
de baño.

여성과 남성의 방은 갈라져있어.
틀리지 않게 주의할것.

Los cuartos para hombres y mujeres están separados.
¡Ten cuidado de no equivocarte!

그러나, 어린 아이라면 ,어느쪽에 들어가도 괜찮아.

Los niños pequeños pueden entrar
a cualquier cuarto.

153

탈의실의 준비사항 9 Tarifas y entrada

먼저 신발은 벗어두고
깨끗하게 정리할것.

Primero,
vamos a quitarnos
los zapatos.
Ten cuidado
de acomodarlos bien.

들어간 후 비어있는
옷장,혹은 상자를 찾아.

Ya que entres,
busca un locker o
una canasta desocupada.

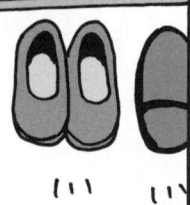

일본의 온천은 옷을
걸치지않고 들어가.

En los onsen, uno entra
completamente
desnudo.

몸에 걸친 옷들은 옷장
혹은 상자에 넣어두면돼

Toda tu ropa y accesorios los debes dejar
en los lockers o en las canastas.

여기까지 되면 준비는 끝.
다음은 들어가는 방법.

¡Ya terminamos
con los preliminares!
Ahora sí, vamos a meternos.

온천의 순서 10 En los vestidores

온천은 다음의 순서로 들어갑니다.

① 몸에 물을 적시기
② 반신욕
③ 전신욕
④ 온천에서 나오기.

Pasos para meterse a las aguas termales.

① Echarse agua caliente con una cubeta (kakeyu)
② Meter la mitad del cuerpo
③ Meterse completo
④ Salir de la tina

입욕전에는 충분히 수분보급을 해줘

Debes tomar mucha agua antes de meterte.

그런데 몸에 적시는물은 뭐야?

Pero, ¿qué es "kakeyu"?

입욕에서는 많은 땀을 흘려

Se suda mucho dentro de las aguas termales.

다음은 몸에 물을 적셔주기

Ahora sigue el kakeyu.

괜찮아요 하나씩 가르쳐줄게요
그런데, 그 전에 온천 매너를 체크합시다

No te preocupes, te voy a explicar cada punto. Pero antes repasemos los modales del Onsen.

온천의 예의 11 Modales del onsen

해서는 안될 온천예의
Cosas que no se deben hacer dentro del Onsen.

수건을 더운 물에 넣는다
Meter la toalla a las tinas.

뛰어든다 헤엄친다 달린다
Echarse clavados, nadar, correr

선 채로 몸을 씻는다
Lavarse parado.

물안에서 비누를 사용한다
Usar jabón dentro de las tinas.

체크하면, 다음이야말로 들어가는 방법
¿Ya revisaste todos los puntos?
Ahora sí, ¡vamos a meternos!

몸적시는 방법 12 Qué es kakeyu

몸적시는 방법

"Kakeyu"

몸을 적시는 것은 땀이랑 먼지를 없해기 위한것.

"Kakeyu" significa echarse agua caliente con una cubeta para lavar el sudor y la mugre.

Procura echarte el agua caliente en orden desde los puntos más lejanos al pecho.

가슴에서 먼곳부터 물을 적시세요

화장은 이 때에 지우는거야

Aqui es cuando nos quitamos el maquillaje.

특히 하반신의 더러움은 잘 떨어뜨립시다.

Ten especial cuidado en lavar la parte inferior del cuerpo.

157

반신욕 13 Baño de medio cuerpo

다음은 이것이예요
Ahora:

반신욕
Meter la mitad del cuerpo.

반신 욕이라면 알고 있어요
¡Ya sé a qué te refieres!

반신욕은 배꼽정도까지 물에 들어가는것.
Significa meterte a la terma hasta el ombligo.

맞아요!
¡Exacto!

반신 욕을 반복해서 서서히 몸을 익숙해지게 합시다
Repite esto varias veces para ir acostumbrando el cuerpo poco a poco.

3분 담그고
Meterte 3 minutos

5분 나와있는다
Salir 5 minutos

물에 들어갈때는 천천히 들어가기
Ten cuidado de meterte poco a poco.

예를 들면 이런 느낌
Por ejemplo así :

입욕때의 릴렉스 14 Relajarse en la terma

몸이 물의 온도에 적응되고 따뜻하게 되면 전신을 담궈

Cuando te hayas acostumbrado, ahora sí puedes meterte completo.

상당히 몸이 따뜻해졌어요.

¡Ya siento que se me está calentando el cuerpo!

아- 좋아

¡Esto es muy relajante!

전신을 물에 담그면 편안해지지.

Dentro de la terma, es tiempo de relajarse

평소의 피곤을 풀어주지

Saca todo el cansancio acumulado.

입욕때의 릴렉스 15 Relajarse en la terma

덧붙여서 저의 추천 릴렉스법은 이런 느낌이예요

Por cierto, te voy a dar unos tips para disfrutar mejor.

만약 목욕탕의 테두리에 머리를 댈곳이 있다면 …
몸을 띄워 몸을 흔들흔들.

Si puedes descansar la cabeza en la orilla, deja flotar tu cuerpo y relájate.

발끝을 맛사지 하거나 해요.

Puedes darte un masaje en los pies.

스스로 릴렉스법을 생각해 보는 것도 좋지요!

¡También puedes pensar en tus propios métodos de relajación!

입욕시간 16 Duración del baño

아ー, 온천 최고-

Aah, ¡adoro el onsen!

그렇다면 온천은 딱 좋은 입욕시간이 있는 것일까?

A propósito, ¿hay un tiempo recomendado para estar dentro de la terma?

물론 있어요!!

¡Por supuesto que sí!

입욕 시간은 코끝에 땀이 배는 정도가 딱 좋아요

El tiempo ideal es hasta que se formen gotas de sudor en tu nariz.

입욕시간 17 Duración del baño

절대로 자신의 한도까지 도전하거나

Nunca intentes aguantarte hasta tu límite.

뜨거운 물에 참는것은 안돼.

Ni tampoco soportar agua demasiado caliente.

도중에 머리나 몸을 씻거나, 휴식하면서,,,

Puedes salir y descansar un poco, aprovechando para lavarte el pelo o el cuerpo.

덧붙이면 온천은
1일 3회까지예요

Y procura no meterte más de 3 veces en un solo día.

자신의 페이스로 입욕해요

Usa las termas a tu propio ritmo.

162

온천에서 나올때 18 Al salir de la terma

하--, 그럼 이제 나갈까.

Aaah, creo que ya me voy a salir.

Para afuera…

잠깐

¡ALTO!

입욕후 샤워하는 것은 아까운 일이야.

Es un desperdicio lavarte o echarte agua después de estar en la terma.

어째서?

¿Porqué?

163

온천에서 나올때 19 Al salir de la terma

온천에 들어가면, 많은 온천성분을 몸에 가지고있게돼. 그렇지만, 탕에서나와 다시 씻어버리면…

Cuando te metes al onsen, los minerales del agua se quedan en tu cuerpo.

좋은 성분을 씻어 흘려 버리지요.

Si te echas agua inmediatamente después, se lavan también todos esos minerales.

하지만, 피부가 약한 사람, 자극적인 온천에서는 몸을 씻어야돼.

Pero, para las personas de piel delicada, sí es recomendable lavarse después de estar en un onsen con muchos minerales.

나올때에는 수건으로 물방울을 닦는정도로 괜찮아

Cuando salgas, basta con pasar tu toalla ligeramente por tu cuerpo.

젖은 몸으로 나가면 옷을 가라입는 장소를 젹셔 버리기 때문에. 가기전에 몸을 닦아줘.

Procura secarte antes de entrar a los vestidores.

164

입욕후 20 Después del baño

입욕 후는 많은 땀을 흘려서
맥도 오르고 있습니다

Después de usar la terma, sudas mucho y tu pulso se acelera.

현기증을 느끼기도 할지도…
Es posible que te sientas un poco mareado.

온천에서 나온직후에 다음과 같은 것에 주의해야해.

Por eso debes seguir estos consejos al salir de la terma.

해야하는 것 Lo que sí se debe hacer :	해선 안 되는 것 Lo que no se debe hacer :
충분한 휴식 Descansar	목욕직후의 운동 Hacer deporte.
수분 보급 Ingerir líquidos	온천을 마친직후의 운전 Manejar inmediatamente después.

165

끝 21 Epílogo

이것으로 온천에
들어가는 방법은 끝이야

¡Hasta aquí termina el cómo
meterse al onsen!

어렵지 않아서 기억할수
있을것같아.

Es muy fácil. ¡Hasta yo
puedo aprendérmelo!

지금 이야기를 쓴「이것」으로
이젠 온천을 잘 알게 되었네요—!!

Y con esta guía de cómo usar
un onsen, ¡ya no tendré ningún
problema!

그럼 당신도 빨리 실행해봐요.

¡Ahora te toca intentarlo a tí!

특수한 입욕방법 22 Apéndice: otros conceptos

사우나 : 필란드류의 증기욕·열기욕을 말하는것입니다. 열과증기로 방의온도.
습도를 높여서 땀을 흘리는것입니다.
  *포인트는 사우나(5 ~ 8분) ⇒몸의 온도를 내린다(물욕1분,밖에서 5분) ⇒
  휴식(10분) 몸의 온도조절, 몸을 휴식시키는것이 중요합니다
  *예의 자신의 땀방울을 사우나실에 흘리지않기 위해서 수건을
  준비합시다.

폭포온천 : 높은 곳에서 내려오는 온천을 아픈 곳에 맞대면 근육이 물압력과
온도에 의해 풀린다.
  *포인트 폭포온천의 타격이 심하거나 시간이 길면, 근육통이
  더 심하게 되기때문에 조심합시다. 음천은 온천의 물을 마시는
  행위를 말하는것입니다. 또한, 음천을 통해 병의 회복등의
  효능을 얻기위해 하는것입니다. 마셔도 되는지를 확인하고,
  음천의 주의사항을 준수하는것이 중요합니다.

Sauna : Baño de vapor estilo finlandés. Usando calor y vapor, se sube la temperatura y la humedad de un pequeño cuarto, para facilitar la sudoración.
  *Tip Sauna(5-8 minutos) → enfriamiento (agua fría, 1 min.; aire, 5 min.) → descanso, 10 min. Es muy importante enfriarse y descansar despues de entrar al sauna.
  *Modales Para no dejar sudor dentro del sauna, procure llevar su propia toalla.

Cascada de agua caliente (Utase-yu):
  Poner partes del cuerpo adoloridas bajo un chorro de agua caliente que cae desde un lugar alto. La presión del agua cayendo y la temperatura dan un placentero masaje a los músculos.
  *Tip Si la caída es muy fuerte o se está demasiado tiempo, puede ser contraproducente.

Tomar agua mineral :
  Se refiere a tomar el agua caliente del onsen, generalmente bajo la creencia de que ingerir los minerales que contiene ayuda a curar ciertos males.
  *Tip Antes de tomar el agua del onsen, debe verificarse que sea potable y seguir las indicaciones y recomendaciones para su ingestión.

일본음식 메밀국수 23 Fideos Soba

어느날의 이야기 입니다

Esto pasó durante su visita.

0월 0일 친구 죤이 일본에 놀러왔습니다.

Mi amigo John vino de visita a Japón.

꼬르륵
(뱃속의 소리)

grrr

배고프네

¡Tengo hambre!

그럼, 메밀국수 먹을래?

Entonces, ¿comemos fideos soba?

"메밀 국수"는 일본의 전통적인 면으로, 건강에 좋고, 장수의 음식으로도 알려져 있습니다.

El "Soba" son unos fideos típicos de Japón.
Son muy buenos para la salud y se dice que es un alimento que alarga la vida.

굉장하네! 빨리 먹으러 가자!

¡Qué interesante! Entonces, ¡vamos a comerlos!

다다미방 24 Asientos típicos

카운터석과 다다미방, 어느쪽이 좋습니까?

¿Prefieren en la barra o en una mesa?

어서오세요!

¡Bienvenidos!

그럼, 다다미방으로 부탁드립니다.

En una mesa, por favor.

오-, 의자에 앉지않는 자리도 있구나

Oh, tienen lugares para sentarse en el suelo, sin sillas.

가게에 따라 틀리지.

Sí, pero depende del restaurante.

169

먹는방법 25 Cómo se come

메밀국수 2그릇 부탁합니다.

Dos "zarusoba" por favor.

알겠습니다.

¡Con mucho gusto!

오~ ¡Ooooh!

면을 국물에 적셔서 먹는거야

Hay que remojar los fideos en la salsa antes de comerlos.

이것은?

¿Y esto?

양념이야

Son los olores (yakumi).

더욱더 맛있게 하기위해, 국물에 넣거나, 메밀국수에 직접 얹어서 먹는거야

Se usan para darle aroma a los fideos.
Los echas en la salsa
o directamente sobre los fideos.

먹는방법 26 Cómo se come

덧붙여 말하자면, 따뜻한 메밀국수는 7가지고추맛양념이 어울려!

A propósito, para los fideos calientes, ¡le queda muy bien el picante!

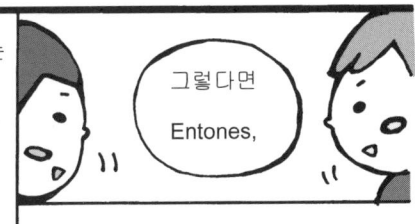

그렇다면

Entones,

잘먹겠습니다!

¡Buen provecho!

후루룩!!
Slurp Slurp

……

일본에서는 면류를 소리를 내서 먹어도 매너에 어긋나지 않아

En Japón, te puedes comer los fideos haciendo ruido, no es de mala educación.

그렇구나!

¿En verdad?

171

메밀국수물 27 "Sobayu"

음!!! 메밀국수 맛있어!!

¡Que sabrosos son los fideos soba!

감사합니다.

Disculpen.

정말? 다행이다~

¿En verdad? ¡Qué bueno que te gustaron!

"메밀국수 물"이라고해.

Se llama "sobayu".

"메밀국수물"입니다.

Este es el "sobayu".

"물?"

¿Es agua caliente?

메밀국수를 삶은 물이야!

Es el agua en la que se cocieron los fideos.

172

메밀국수물 28 "Sobayu"

국물이 있는곳에 따라서…
Viértela dentro de la salsa.

마지막에 마시는거야
Se utiliza como digestivo.

가게에 따라서 메밀국수물이 나오지 않는곳이 있습니다.

Dependiendo del restaurante, hay algunos que no te sirven "sobayu".

그냥 마셔도 좋아
También lo puedes tomar sólo.

에~
Oh, ¿en serio?

무리해서 마시지 않아도 좋아
No es necesario que te lo acabes todo.

배부르네!
¡Ya estoy lleno!

응!
¡Yo también!

다음번엔 틀린 일본요리를 먹어보자!
La próxima vez, probemos otro plato típico regional de japón.

그래!
¡Sí, que buena idea!

잘먹었습니다.
¡Estuvo muy sabroso!

173

회전초밥 29 "Kaiten" Sushi

저번의 메밀국수 맛있었었지

¡Qué sabroso estuvo el soba de la otra vez!

이번에는 일본의 초밥을 먹고싶어!

¡Hoy quiero comer sushi!

오늘은 무엇을 먹을까?

¿Qué comeremos hoy?

초밥은 해외에서도 인기가 있다고해!

Dicen que el sushi es muy popular también en el extranjero, ¿no?

그런데 난, 초밥을 먹어본적이 없어

Pero, yo nunca lo he comido.

그럼, 회전초밥으로 가자!

Entonces vayamos al "kaitenzushi"

회전초밥 30 "Kaiten" Sushi

객석에 초밥이 돌아가는 초밥가게지!

Es el restaurante de sushi donde los platos pasan frente a los clientes, ¿verdad?

그런데 나는 연어를 먹고 싶은데

Puedes comer el sushi que quieras a un precio razonable.

자세히 알고있네 죤! 말그대로!

¡Qué bien sabes, John! Exactamente, así es.

기대하고 있었기 때문에 찾아보고 왔어!

Tenía muchas ganas de ir, ¡por eso estuve investigando!

그럼 빨리 먹으러 가자!

Entonces, ¡vayamos de una vez!

그래!!

¡Vamos!

차 31 Té

회전초밥가게의 차는 셀프서비스야

El té en los kaitenzushi te lo tienes que servir tu mismo.

차팩이 있으니까, 그것을 찻잔에 넣어서

Ahí tienen bolsitas de té. Pon una en una taza.

자리에 있는 따뜻한물이 나오는 곳에서 물을 넣어

Luego échale agua caliente de la llave que está en la barra.

물이 뜨거우니까 조심해!

¡Cuidado con el agua caliente!

가리 (생강) 32 Gengibre curtido

이것은 뭐야?

¿Qué es esto?

그것은 가리 (생강)이야

Eso se llama "Gari" (Gengibre)

먹으면 입안의 초밥맛을 없애기위해

Es para lavarte el sabor del sushi.

다음초밥을 맛있게 먹을수가 있어

Para que el siguiente sushi también te sepa bueno.

회전초밥매너 33 Modales en el kaiten sushi

나머지는 회전초밥의 매너야!

Estos son los modales del Kaitenzushi

먹을 초밥은 접시채 집어들기

Cuando quieras comer un sushi, toma todo el plato.

한번 집어든 접시는 돌려놓지 않기. 먹지 않더라도 안돼

Jamás devuelvas un plato a la banda, aunque no te lo hayas comido.

빈접시도 돌려놓지 않기

Tampoco devuelvas los platos vacíos.

빈접시는 탁자위에 쌓아두기

Los platos vacíos se acumulan en la mesa.

주문 34 Cómo ordenar

우물우물
(초밥을 먹는 소리)

Chomp chomp.

연어가 먹고 싶은데..

Por cierto, quisiera comer un sushi de salmón.

초밥은 맛있어!
¡Qué sabroso es el sushi!

다행이다
¡Qué bueno!

좀처럼 오지를 않네
Pero, ¡no pasa ninguno!

그럴때는 직접 주방장에게 주문을 하는거야

En esos casos, se pide directamente al cocinero.

주문 35 Cómo ordenar

저기요! 연어 1접시 주세요!

¡Disculpe! Un sushi de salmón, por favor.

돌아올때까지 기다리지 않아도 좋아!

Así, ¡no tienes que esperar a que pase!

기본은 돌아오는것을 먹는거야

Lo normal es elegir entre los que pasan.

주문 36 Cómo ordenar

이번은 주방장에게 직접주문했지만, 가게에 따라서는 인터폰으로 주문을 하는곳도 있어!

Ahora le pedimos directamente al cocinero, pero dependiendo del restaurante, a veces se piden por un interfón.

그럴때는, 고추냉이를 못먹는 사람은 「고추냉이빼기」라는걸 추가하면, 고추냉이가 없는 초밥을 먹을수 있어

Por si no te gusta el wasabi, cuando pidas los sushi, si dices "sabi-nuki de" te traen sushi sin wasabi.

기억해 둘게!!

¡Gracias por el tip!

주문 37 Cómo ordenar

인터폰으로 주문한 초밥은, 레인으로 오는경우가 많아

Los sushi que pidas por el interfón, generalmente llegan por la banda transportadora.

주문한 초밥은 표시가 있어 알수있게 되어있어

Tienen una marca para que los distingas.

다른사람이 부탁한 초밥은 집어들지말아야해

¡No agarres los sushi que pidió otra gente!

계산 38 La cuenta

맛있었다~! 배불러!

¡Qué sabrosos! Ya me siento muy lleno.

나도!!

¡Yo tambien!

계산은 어떻게해?

¿Y la cuenta?

계산 39 La cuenta

점원을 불러서 접시 수를 세어 받는거야

Le llamas a un mesero para que cuente los platos que te comiste.

종류에따라 그림이 틀리네!

El diseño del plato combia con el tipo de sushi, ¿verdad?

가격이 틀림을 그림으로 분리하는거야

Si, el diseño del plato indica el precio.

우와! 난 비싼것만 먹었어!!

¡Creo que he comido puros caros!

끝 40 Epílogo

초밥 맛있었다! 만족이야!

¡Qué buenos estuvieron!
Me siento muy satisfecho.

이번은 회전초밥이었지만,
「초밥가게」에도 가자!

En esta ocasión fueron "kaitenzushi",
pero para la otra, podemos
ir a un restaurante de Sushi.

일본에 오면, 꼭 초밥을 먹어봐!

Si vienes a Japón, ¡no te olvides
de probar el sushi!

주방장이 눈앞에서
만들어주는 거라서 정말
맛있어

Saben mejor cuando
te los preparan enfrente
de ti.

여관의 매너 41 Modales del ryokan

오늘 묵을 곳은 여기야.

Este es el lugar donde nos vamos a hospedar hoy.

여관에 묵는것은 처음이지?

¿Es la primera vez que te quedas en un ryokan?

처음이야.

Sí, es la primera vez.

어서오세요.

¡Bienvenidos!

그래도 예정대로 도착해서 다행이야.

Por cierto, que bueno que pudimos llegar a tiempo.

호텔과 틀리게 신발을 벗는곳이 많으니까 조심해!

A diferencia de los hoteles, ¡aquí hay que quitarse los zapatos!

OK

늦을 경우 42 Si se hace tarde

예정보다 늦을경우에는 여관에 빨리 연락을 해줘야해.

No. Si te vas a atrasar mucho con respecto a la hora inicialmente indicada, debes avisar al albergue lo antes posible.

체크인시간이후라면 몇시에 도착해도 괜찮지 않아?

¿Que no se supone que podemos llegar a cualquier hora, mientras sea después de la hora para registrarse?

예정시간은 예약할때 말해줘야해.

La hora de llegada se indica cuando se hace la reservación.

늦어도 저녁식사전에는 도착하는것이 매너랄까.

Procura llegar, a más tardar, antes de la cena.

호텔과 틀려서 손님에따라 식사를 준비해주기 때문이지.

A diferencia de los hoteles, aquí se prepara la comida especialmente para cada huésped.

187

늦을 경우 43 Si se hace tarde

저녁식사 전까지 도착하지않으면, 날생선등의 일부메뉴가
제공되지않을경우도 있어.

Si no puedes llegar antes de la cena, hay veces que ya no se puede ofrecer el menú completo, especialmente los platillos frescos.

그렇구나.
여관에서의
식사는 재미의 하나니까.

¿En verdad?
Y uno de los atractivos de venir a un ryokan, ¡es precisamente la comida!

• 여관과 서비스의 차이
통틀어, 전통적•대표적이라고 해지는 일본 여관은 일본식의 구조를 가지는 숙소에서, 식사나 온천등의 서비스가 제공됩니다. 그러나 저렴한 여관등에서는, 그러한 서비스를 받게 되지 않는 것도 있습니다.

• Diferencias en el servicio de los ryokan.
Los ryokan son albergues tradicionales y representativos de la cultura japonesa. Normalmente, su arquitectura es tradicional japonesa y además del hospedaje, por lo general se ofrecen los servicios de comida y baños termales. Sin embargo, a veces, dependiendo de cada ryokan puede que no se ofrezca alguno de estos servicios.

여관의 유카타 44 La ropa del ryokan

좋은 방이네.

¡Qué bonito cuarto!

그렇군

Sí, ¿verdad?

아니, 그것은 유카타라고해.

No, ese es un yukata.

켄! 이것은 키모노라고 하는것?

¡Ken!, ¿este es el famoso "kimono"?

여관에서는 실내복이라고나할까.

Es algo así como el uniforme que se usa para estar en los ryokan.

189

유카타를 입는방법 45 Cómo ponerse el yukata.

유카타도 키모노와 같이 "왼쪽앞"으로 입어.

Al igual que el kimono, la parte izquierda va encima.

좌
izquierda

이렇게 왼쪽이 몸의 위쪽으로 입는거야.

Así, que la solapa izquierda quede arriba.

우
derecha

좌
izquierda

• 참고지식
"오른쪽앞"은 죽은 사람에게 덮어 씌울 때 방법이야. 사망자와 생존자를 구별하는 의미가 있어. 조심해야해.

• Nota cultural.
La solapa derecha por encima se usa para vestir a los difuntos. Se hace esa distinción entre personas vivas y muertas. ¡Mucho cuidado!

다음 페이지에서 유카타의 입는 방법을 소개해줄게.

En la siguiente página te explicaré cómo se pone el yukata.

유카타를 입는방법 46 Cómo ponerse el yukata.

입기전에 사이즈를 확인!

Antes que nada,
hay que verificar la talla.

예쁘게 입기 위해서는,
자신의 몸에 맞는
유카타를 선택하자!

Para que se vea bien,
hay que elegir un
yukata del tamaño
apropiado.

자신의 복사뼈부분에
올정도의 길이가 적당한
유카타의 길이에요.

El yukata debe llegar hasta
los tobillos.

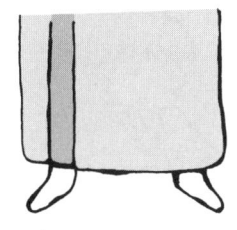

크기가 안맞으면, 프론트에 사이즈를
교환해 받아요!

Si no encuentras una talla adecuada,
en la recepción te lo pueden cambiar.

대충은 대, 중, 소 의 크기가
준비되어 있어요.

Normalmente tienen tallas Chica,
Mediana y Grande.

191

유카타를 입는방법 47 Cómo ponerse el yukata.

먼저, 유카타를 접어, 양손에 옷깃의 양끝을 잡습니다.

Primero, te pones la bata y tomas las solapas con ambas manos.

1

다음은 오른손쪽을 왼쪽겨드랑이에 몸을 감싸듯이 가지고 갑니다.

La solapa derecha se lleva al lado izquierdo, envolviendo el cuerpo.

2

똑같이, 왼손쪽을 오른쪽 겨드랑이에 가지고 갑니다.

De la misma manera, la solapa izquierda se lleva al lado derecho.

3

띠로 묶습니다. 앞가슴이 벌어지지않도록 조심해서.

Se amarra el obi (cinturón), con cuidado que no se abra la bata por el frente.

4

유카타를 입는방법 48 Cómo ponerse el yukata.

남성은 배꼽밑에 띠를 두르면
모양이 좋습니다.

En los hombres, se ve mejor
si se amarra debajo del ombligo.

여성은 가슴밑에 묶으면,
밸런스가 좋아 보입니다.

Para las mujeres, se amarra
debajo del pecho para que
se vea balanceado.

띠의 묶는 방법은, 나비모양이면
괜찮아요!

Para amarrar el cinturón,
basta con un nudo normal.

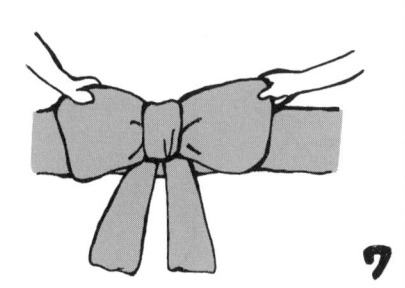

이것으로 완성입니다.

Y así queda terminado.

띠를 매는 방법 49 Cómo amarrarse el cinturón.

됐다!
¡Ya está!

어? 켄의 띠 조금 틀리네!
¿eh? ¡Tu cinturón está amarrado diferente!

왠지 멋있어!
Y se ve muy bien.

남자도 나비모양묶음도 좋지만, 이렇게 묶는 방법도 있어.

Los hombres pueden usar un nudo normal, pero esta es otra manera de hacerlo.

조금 어렵지만 해볼래?
Es algo difícil, pero ¿lo quieres intentar?

응! 해보고싶어!
¡Sí! Quiero intentarlo.

띠를 매는 방법 50 Cómo amarrarse el cinturón.

먼저 한쪽의 띠의 끝을 20cm ~ 30cm정도 잡아서,
그것을 세로로 반을 접습니다.

Primero, toma unos 20 ~ 30 cm de una punta del cinturón
y dóblala a la mitad por lo largo.

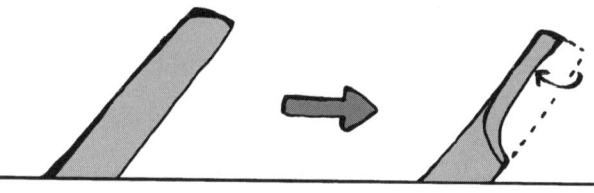

띠의 접은 부분을 놔둔채, 반대쪽을 허리에
감습니다.(2, 3회정도)

Dejando esa parte doblada, se enrolla la otra
punta por la cintura 2 ó 3 veces.

감은 다음은, 얇은 부분 (세로로 반 접은부분)이 밑을 향하도록 합니다.

Cuidar que la punta doblada quede hacia abajo.

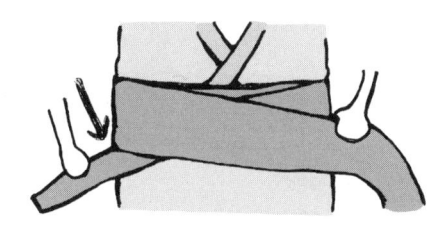

195

띠를 매는 방법 51 Cómo amarrarse el cinturón.

남아있는 부분을 20 c m정도의 부분에 안쪽으로 접어줍니다.

Cuando queden unos 20 cm, se dobla hacia el centro.

그리고 띠의 얇은부분의 밑을 묶어서, 위쪽을 향하여 빼내줍니다.

Después, se pasa por debajo de la punta doblada y se saca hacia arriba.

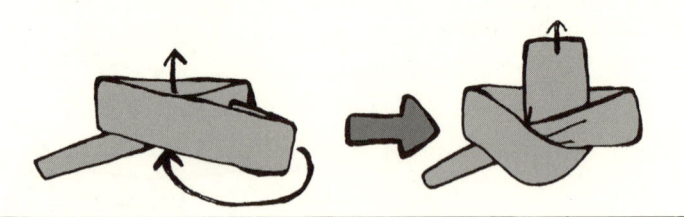

빼내준 다음은, 힘껏당겨주면, 이렇게 됩니다.

Luego, se jala para que quede así.

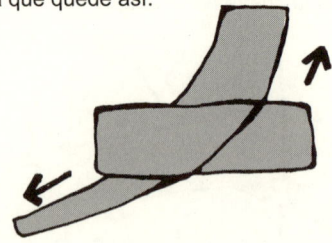

띠를 매는 방법 52 Cómo amarrarse el cinturón.

다음은, 띠의 얇은 부분을 화살표의 방향으로 되접어 반대편으로 꺾으면,
그 위에서부터 두꺼운부분을 늘어뜨립니다.

Ahora, la punta delgada se dobla hacia donde apunta la flecha.
La punta gruesa se coloca por encima.

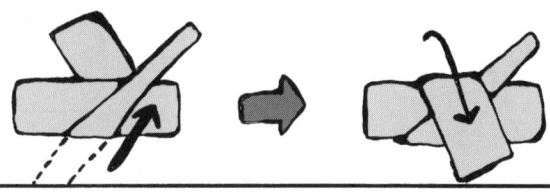

늘어뜨린 부분을 얇은쪽의 밑에서부터 통과시켜, 비스듬하게 위로
꺼냅니다. 이것으로 매듭은 완성!

La punta gruesa se pasa por debajo de la delgada y se jala en
diagonal hacia arriba. Con esto, ¡el nudo queda terminado!

마지막으로 매듭을 뒤로 가지고 갑니다.

Ahora simplemente llevamos el nudo hacia atrás.

됐다!!
¡Sí pude!

197

띠를 매는 방법 53 Cómo amarrarse el cinturón.

어때? 잘 어울려?

¿Qué te parece?
¿Se me ve bien?

응! 정말 잘 어울려!

¡Sí! ¡Se te ve muy bien!

유카타는 좋네!
입으면 가지고싶어져!

¡Me gusta el yukata!
Después de usarlo, me dieron ganas de tener uno.

여관의 유카타는 빌려주는것이라서…

Los yukata de los Ryokan sólo son prestados.

선물용으로 사도 좋을꺼야!

Pero, ¡podrías comprar uno para regalo!

끝 54 Epílogo

식사시간까지 아직 여유가 있으니, 온천이라도 들어갈까?

Todavía tenemos tiempo antes de que nos sirvan la comida.
¿vamos a meternos a las aguas termales?

좋아!

Sí, ¡que buena idea!

온천 기대하고 있었어!

Tengo muchas ganas de meterme a las termas.

그럼 빨리 (온천에)들어가자!

Entonces, ¡metámonos a las aguas termales!

이야기 해도 좋지만, 방밖에서는 시끄럽게 하지 않도록해.

Se puede platicar, pero con cuidado de no hacer mucho ruido afuera de los cuartos.

온천에 대해서는 『온천에 들어가는 방법의 페이지』를 참고해!

Para saber más sobre las aguas termales, consulta la sección "Cómo meterse a las aguas termales".

199

참배의 방법 55   Cómo rendir culto en los templos

저기, 요전에 아버지와 절에 참배를 다녀왔어.

El otro día fui a rendir culto a un templo budista con mi papá.

그런데, 잘못해서 신사의 참배 방법을 해버렸어.

¡Pero me equivoqué y lo hice como si fuera un templo Shintoista!

신사도 절의 참배 방법은 조금 틀리지.

Sí, es diferente el ritual en un templo Shintoista que en uno Budista

그러게말이야!

¡Sí, es cierto!

참배의 방법 56 Cómo rendir culto en los templos

그런데, 그다음엔 정확히 참배의 방법을 외었어!

Pero, después de la visita, ¡ya me aprendí ambos rituales!

다음엔 틀리지 않을거야!

Ahora sí, ¡ya no tendré ningún problema!

그럼, 재빨리 근처의 신사도 절에 가 볼까!

Pues entonces, ¡vamos a los templos Budista y Shintoista que estan aquí cerca!

다음 페이지부터 참배의 방법을 소개해줄게!

Les vamos a presentar cómo rendir culto en cada templo.

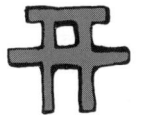

신사
Templo Shintoista

절
Templo Budista

응! 가보자!

Sí, ¡vamos!

Primero el templo Shintoista.

먼저 신사부터!

201

신사의 참배 57 Visita al Templo Shintoista

먼저 입구에 세워진 기둥문을 들어가기전에, 사단을 향하여 가볍게 한번 인사를 합니다.

Antes de entrar por el pórtico (Torii), se debe hacer una pequeña reverencia hacia el templo.

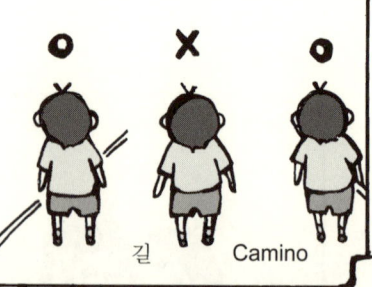

참배하러가기위해 마련된 길의 중앙을 걸어서는 안됩니다.「정중」이라 말해서, 신이 다니는 길이기 때문입니다.

No se debe caminar por el centro del camino. La parte del medio es para que caminen los Dioses.

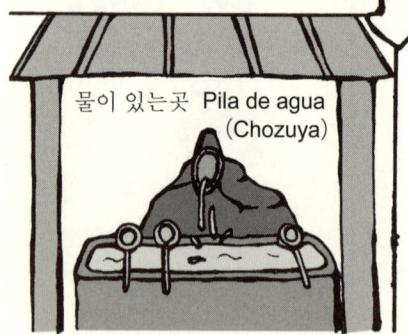

길 Camino

다음은 손씻는물이 있는곳을 가서, 입을 헹구고, 손을 씻습니다.

물이 있는곳 Pila de agua (Chozuya)

Después, se va a la pila de agua (Chozuya) para enjuagarse la boca y lavarse las manos.

신사의 참배 58 Visita al Templo Shintoista

왼손②오른손③입(왼손으로)의 순서로 씻고, 마지막으로 그림처럼 국자의 손잡이를 씻습니다.

Se lava primero la mano izquierda, luego la derecha y finalmente se enjuaga la boca. Después se lava el utensilio utilizado.

새전함의 앞에 가서, 제사신을 향하여, 가볍게 한번 인사. 종을 울리고, 동전을 넣습니다.

Se va a la caja de las ofrendas (saisenbako) y se hace una reverencia hacia la imagen sagrada. Luego, se toca el cascabel y se arroja la limosna.

다음은, 두번인사와 두번박수를 합니다.

Después, se hacen 2 reverencias y se dan dos palmadas.

신사의 참배 59 Visita al Templo Shintoista

두번 박수후, 마음 속으로 간단히 소원이나 간절히 바라는것을 빕니다.

Luego de las dos palmadas, se hacen las peticiones y oraciones en silencio.

빌고 난후에는 한번인사(90도정도)를 합니다.

Una vez que se termina de orar, se hace una reverencia más pronunciada, inclinando la cabeza unos 90°

새전함의 앞에서 퇴출하기전에, 다시한번 가볍게 인사를 합니다.

Se hace una pequeña reverencia nuevamente antes de retirarse de la caja de las limosnas.

신사의 참배 60 Visita al Templo Shintoista

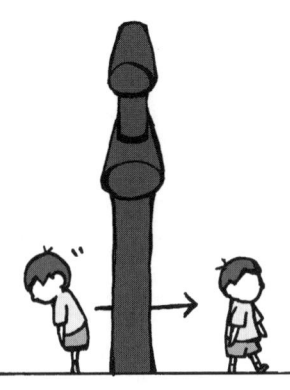

입구에 세워진 기둥문을 나올때,
사단을 뒤돌아서 가볍게 인사.
그리고 밖을 나옵니다.

Antes de pasar por el pórtico,
se voltea hacia el pabellón del
templo para hacer nuevamente
una pequeña reverencia.
Finalmente, se sale del recinto.

다음은 절!

Ahora, ¡vamos al templo budista!

이것이 신사의
참배방법이야

Esta es la manera de
rendir culto en un
templo Shintoista.

절의 참배 61 Visita al Templo Budista

절의 정문에 들어서면, 본당을 향하여 배례(45도 정도)합니다.

Al entrar por la puerta del templo, hagamos una reverencia (inclinar la cabeza unos 45°) hacia el salón principal.

절도참배하러가기위해 마련된 길의 중앙은「정중」입니다. 될수있는한 좌우로 다닙니다.

En los templos budistas también se respeta el centro del camino. Tratemos de caminar por las orillas.

손씻는 곳이 있으면, 손을 씻고, 입을 헹굽니다.(하는 방법은 신사방법 참고)

Luego, si hay una pila de agua, se lava las manos y se enjuaga la boca. (Igual que en el templo Shintoista)

절의 참배 62 Visita al Templo Budista

본당새전함의 앞에서 배례.
종이 있으면 종을 칩니다.

Se para frente a la caja de las limosnas del salón principal. Primero se debe hacer una reverencia. Si hay una campana, se toca la campana.

다음은 동전을 넣습니다.

Se arroja la limosna a la caja.

법당의 중앙의 불상을 향하여,
조용히 합장(배례)하고 빕니다.

Volteando hacia la imagen,
se juntan las manos y se reza.

절의 참배 63 Visita al Templo Budista

새전함의 앞에서 퇴출하기전에 한번 인사 합니다.

Después de rezar, se hace una reverencia antes de retirarse.

절의 정문에서 나갈때에는, 본당을 향하여 배례한다음 나갑니다.

Por último, al salir por la puerta del templo, nuevamente se hace una reverencia hacia el salón principal.

이것이 절의 참배방법이야.

Esta es la forma de rendir culto en un templo budista.

끝 64 Epílogo

그러니까, 무엇이 참배의
방법이 틀리는가 하면…

Por cierto, hay una razón
por la cual los rituales de
cada templo son diferentes.

혼령을 모시는것과 목적이
틀리기 때문이구나

En cada uno se adora
algo diferente, y tienen
diferente propósito

신사는 신을 모시고

En los templos Shintoistas se adora a los Dioses.

절은 불상을 모시는 곳으로, 본래,
승려의 수행장소구나

En los templos budistas se adora a Buda,
y originalmente son lugares de entrenamiento
para los monjes.

참배의 행위의 하나하나에도 의미가 있는거야

¡Cada parte de los rituales tiene un significado!

참배라는건 뜻이 깊구나!

¡Hay mucho que aprender
de los templos!

공공장소의 매너 65 Modales en lugares públicos.

문화에 따라서 매너는 틀리지만

Los modales cambian de cultura a cultura.

줄서기다리는 곳에서 세치기, 도로에 쓰레기나 침을 뱉는 사람도 있지만… 그것은 매너가 없는것이지

Hay personas que se meten a la mitad de una fila, que tiran objetos en la calle... sólo demuestran su falta de educación.

어느 나라라도 매너는 지키는 것은 정말 중용하지

Pero en cualquier país es importante respetar los modales.

공공장소(교통기관 등) 에서는, 주변의 사람에게 폐가 되지않도록 해야해!

En lugares públicos (por ejemplo en transportes), trata de no causar molestias a la gente.

하지말아야할것 Cosas a evitar

큰소리로 이야기하는것	휴대전화의 통화	화장
Hablar en voz muy alta.	Hablar por teléfono celular.	Maquillarse.

우선석 66 Asientos preferenciales

그리고 전차나 버스에는 우선석이 있지!

Además, en los camiones y trenes, hay asientos preferenciales.

이 밑의 마크가 있는 자리지!

Están señalados por este símbolo.

지방에 따라 마크는 조금씩 다를수 있습니다.

*Puede variar de acuerdo a la región.

일반석이라도, 힘들어하는 사람이나 노인, 장애인에게 자리를 양보하는것도 중요해

Aunque sea un asiento normal, es importante ceder el asiento a ancianos, personas con capacidades especiales o personas que lo requieran.

아이동반 Llevando niños.	임산부 Mujeres embarazadas.
노인 Personas de la tercera edad.	부상자 Heridos.

특히 우선석에서는 자리를 서로양보해야해

En especial, se debe ceder siempre los lugares preferenciales.

에스컬레이트 67 Escaleras eléctricas

에스컬레이트에서는
다음과 같은것은
조심하면 좋아

En las escaleras eléctricas,
hay que tener cuidado
en los siguientes aspectos.

좌우 어느쪽이든 한쪽을 비워둬서, 급하게
가는사람이 지나갈수 있도록 하는것이야

Dejar un lado, ya sea derecho o izquierdo, para
que las personas con prisa puedan pasar.

급하더라도 뛰어오르거나,
내려가거나 하지 않을것. 위험하거든!

Aunque tengas prisa, nunca subas
o bajes corriendo. ¡Es peligroso!

본래, 안전설계상은 한쪽에 치우치지않고, 움직이지 않는것이 바람직합니다.
그러나, 일본에서는 편의상 이러한 습관이 있습니다.

En realidad, desde el punto de vista del diseño, es preferible pararse en el
centro sin moverse.
Sin embargo, en Japón se tiene esta costumbre por conveniencia.

<キャスト>

■　宮城大学
　　宮城県黒川郡大和町学苑１

■　事業構想学部　事業計画学科　三橋ゼミ
　　TEL＆FAX　０２２（３７７）８３４８

■　三橋ゼミ一同
　　三橋　勇教授（観光・ホスピタリティ事業領域）
　　ゼミ長：　高木みどり
　　朝田陽香　　　大町浩一　　　加藤小也加
　　吉川香奈　　　小久保洋人　　佐藤祐太
　　齋藤由貴　　　佐藤祐太　　　渋谷直幸
　　竹田愛子　　　広瀬麻美　　　鄭　通峰

■　作画
　　齋藤由貴

■　翻訳協力者
　　Abdullaeva Dilafruzhon
　　李 哲華　　朴 文学　　金 賢雅　　ソウ ヒュククン
　　Morales 芳男　　　黄鷹 康寧
　　Timothy Phelan　　マシュー・ウィルソン

> この冊子で紹介する内容は、全ての場において共通する
> ものとは限りません。状況を見て対応してください。

Copyright © 2012 Mitsuhashi Laboratory All Rights Reserved.

今日からあなたも日本通

2012年3月10日　第一版第一刷発行

編者　三橋　勇
発行所　株式会社　学文社
発行者　田中千津子

〒153-0064　東京都目黒区下目黒3-6-1
電話(03)3715-1501(代表)　振替00130-9-98842
http://www.gakubunsha.com

落丁，乱丁本は，本社にてお取り替えします。　　印刷／新灯印刷株式会社
定価は，売上カード，カバーに表示してあります。　　　＜検印省略＞

ISBN978-4-7620-2273-9